Der erweiterte Lebensraum

Bungalows von Walter Brune

jovis

Der erweiterte Lebensraum

Bungalows von Walter Brune

Herausgegeben von Holger Pump-Uhlmann

jovis

© 2008 by jovis Verlag GmbH
Das Copyright für die Texte liegt bei den Autoren.
Das Copyright für die Abbildungen liegt bei den Fotografen/Inhabern der Bildrechte.
Alle Rechte vorbehalten.

Umschlagfoto: Ernst Deyle, Stuttgart (Haus im Weinberg)

Gestaltung, Layout und Bildbearbeitung: Dr. Andreas Pohlmann
Zeichnungen: Alain Schupp, Düsseldorf
Druck und Bindung: GCC Grafisches Centrum Cuno, Calbe

Bibliografische Information der Deutschen Bibliothek
Die Deutsche Bibliothek verzeichnet diese Publikation in der Deutschen Nationalbibliografie; detaillierte bibliografische Daten sind im Internet über http://dnb.ddb.de abrufbar.

jovis Verlag GmbH
Kurfürstenstraße 15/16
10785 Berlin

www.jovis.de

ISBN 978-3-86859-009-8

Inhaltsverzeichnis

Vorwort des Herausgebers 7

Wohnen (wie) in einer offenen Landschaft 9
Holger Pump-Uhlmann

Barbarahof (1951–54) 17

Haus Horten (1956–57) 27

Haus Hoseit (1957–58) 37

Haus Kauermann (1957–59) 43

Haus im Weinberg (1958–59) 49

Haus Schwietzke (1958–59) 57

Haus Stoeckel (1959–60) 63

Jagd- und Forsthaus Carp (1960–61) 71

Haus Teigler (1961–62) 77

Haus Heimsoeth (1961–63) 83

Haus Dr. Berg (1961–64) 89

Haus Engler (1963–65) 97

Haus Starke (1967–68) 101

Haus Leendertz (1969–70) 109

Haus Josef Brune (1971–72) 113

Mas Pierre & Paul (1971–73) 119

Kurzbiografie Walter Brune 123

Auszeichnungen 124

Literatur 125

Abbildungsnachweis 127

Vorwort

Holger Pump-Uhlmann

Als ich im Jahre 2005 Walter Brune kennenlernte, geschah dies vor dem Hintergrund der Kontaktaufnahme mit einem der wohl engagiertesten Streiter für das Kulturgut *Stadt*, der sich wie kaum einer seiner Kollegen dem Erhalt historisch gewachsener Innenstädte im Angesicht einer wahren *Shopping-Center-Invasion* verschrieben hat.

Was ich von Walter Brune wusste, entsprach genau dem, was in der bundesrepublikanischen Öffentlichkeit über ihn bekannt ist. 1926 geboren, zählt er zu den markanten deutschen Architektenpersönlichkeiten. Durch den Bau großer Industrieanlagen, Bürohausbauten und vor allem Warenhäuser und Stadtgalerien machte er sich einen Namen als Architekt.

Infolge einer näheren Beschäftigung mit seinem breit gefächerten Œuvre, in dem innerhalb von knapp 60 Jahren mehr als 350 Bauten und Projekte entstanden, stieß ich neben großen städtebaulichen Entwürfen, zum Beispiel für eine neue Stadt in Persien, oder bekannten Bürohäusern wie der Karstadt-Hauptverwaltung oder den Galerien (Kö Galerie, Heuvel Galerie, Schadow Arkaden etc.) auf bis heute weithin unbekannte Werke dieses Architekten. Neben einer Vielzahl von Großprojekten befasste er sich über einen Zeitraum von etwas mehr als zwei Jahrzehnten (1950 bis 1973) auch sehr intensiv mit der Wohnhausarchitektur. Dieses Metier war für ihn offensichtlich weit mehr als eine architektonische Fingerübung.

Angeregt durch fotografische Zeugnisse und durch den Besuch einiger seiner Bauten reifte der Entschluss, diese Architekturen öffentlich bekannt zu machen. Denn das, was ich sah und was in diesem Buch zu sehen sein wird, stellt ein bedeutendes Dokument von Wohnhauskultur in der bundesrepublikanischen Nachkriegszeit dar. Es sollte der interessierten Öffentlichkeit nicht länger vorenthalten werden.

Die gebauten Beispiele, die zum überwiegenden Teil innerhalb der ersten eineinhalb Jahrzehnte nach dem Zweiten Weltkrieg in Deutschland entstanden, weisen eine bemerkenswerte Parallele zur amerikanischen Bungalow-Architektur der gleichen Zeit auf. Andererseits sind die Wohnhäuser wunderbare Beispiele für eine auf die Landschaft bezogene Bauweise, in der die harmonische Beziehung zwischen Architektur und Natur gesucht wird, die sich also dem Genius Loci verschreibt. Gleichzeitig stellen die Bungalows von Walter Brune im Kontext der wiederentdeckten Moderne nach dem Zweiten Weltkrieg ein bedeutendes Stück Architekturgeschichte dar.

In Vorbereitung zu diesem Buch erläuterte der Architekt in einer ganzen Reihe von Interviews sein Architekturverständnis. Dabei wurde sehr deutlich, dass die intensive Auseinandersetzung mit den landschaftlichen Eigenarten eines Ortes und dem Bauhaus-Gedanken Walter Brunes Leidenschaft war. Er gelangte dadurch zu architektonischen Ergebnissen, die Wohnträume Wirklichkeit werden ließen und die Lebensräume der Menschen erweiterten. Sie sind in ihrer Vielfalt und Zeitlosigkeit vorbildlich. Erstmalig werden sie nun in dem vorliegenden Buch in Form einer Zusammenschau publiziert.

Der Dank für die Entstehung dieses Buches gilt zuallererst dem Architekten, der trotz hohen Lebensalters eine bemerkenswerte Vitalität besitzt. Trotz eines unglaublichen täglichen Arbeitspensums nahm er sich immer wieder die Zeit, um Rede und Antwort auf meine Fragen zu geben. Dem Kunsthistoriker Herrn Dr. Pohlmann gilt Dank für seine Kreativität und fachlich versierte Umsetzung, ohne die das Buch in dieser Weise nicht entstanden wäre, dem Architekten Herrn Alain Schupp für seine sorgfältigen zeichnerischen Darstellungen.

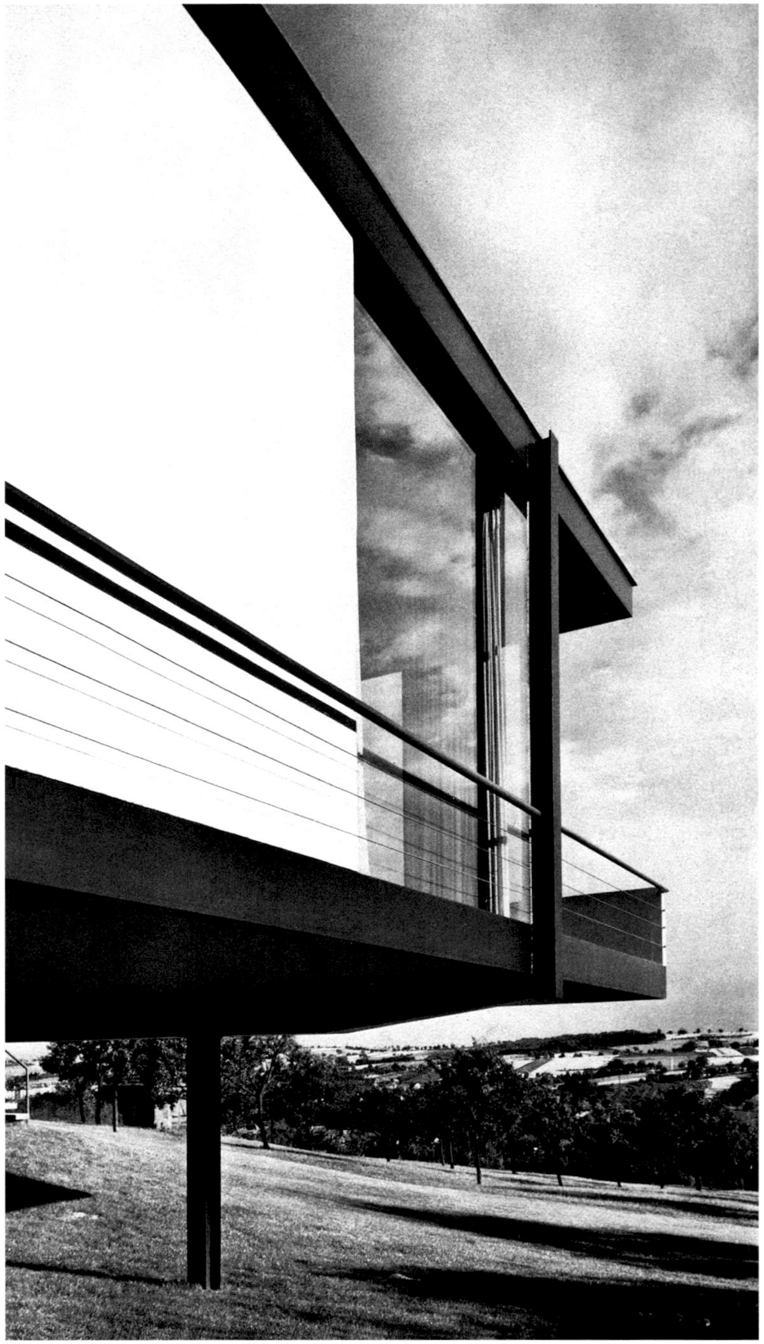
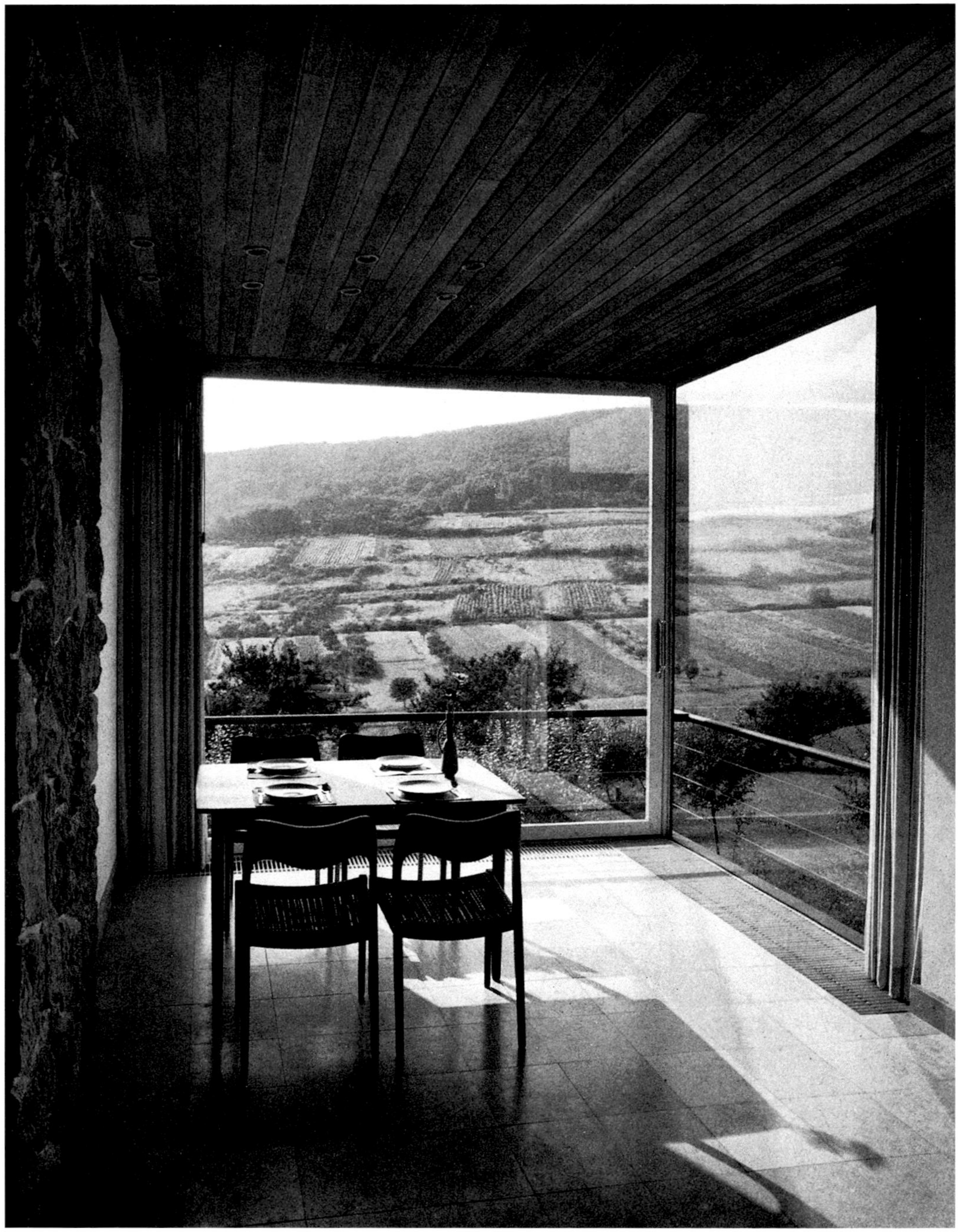

Wohnen (wie) in einer offenen Landschaft

*„Euch wird aber der Stein,
der durch die Kunst zur schönen Gestalt gebracht worden,
alsobald schön erscheinen; doch nicht, weil er Stein ist,
denn sonst würde die andere Masse gleichfalls für schön gelten
sondern daher, daß er eine Gestalt hat, welche die Kunst ihm erteilte."*
Johann Wolfgang von Goethe: Wilhelm Meisters Wanderjahre (Buch 3)

Wohnhausarchitektur als kulturelle Aufgabe

Als junger selbstständiger Architekt begann Walter Brune 1950 mit dem Bau von Einfamilienhäusern für wohlhabende Bürger an Rhein und Ruhr. Obwohl er schon bald mit einer Vielzahl weitaus größerer und umfangreicherer Bauaufgaben beauftragt werden sollte, widmete er sich doch über einen Zeitraum von mehr als zwei Jahrzehnten mit Leidenschaft dem privaten Wohnhausbau. Die Auseinandersetzung mit dieser Art von Bauaufgabe brachte ihn sehr früh in der Nachkriegszeit in Kontakt mit der internationalen Avantgarde. Eine daraus resultierende Begeisterung führte zur Errichtung von Landhäusern im Geiste der Architektur des Bauhauses und ihrer Epigonen in den USA. Die architektonischen Entwürfe und ihre bauliche Umsetzung waren weit mehr als eine gestalterische Fingerübung, für die sich der junge Architekt trotz zahlreicher Großprojekte in seinem schnell wachsenden Büro viel Zeit nahm. Es war ihm eine Herzensaufgabe, weil er hier eine eigene architektonische Programmatik entwickeln konnte, wie sie sich sonst im Bauboom der Nachkriegsjahre selten verwirklichen ließ.

Sämtliche in diesem Band vorgestellten Landhäuser sind Bungalows, was kein Zufall ist. Der Bau von Bungalows beim Entwurf großzügiger, moderner Wohnhäuser ermöglichte dem Architekten, Anschluss an die Architektur der Moderne und den internationalen Standard der Avantgarde herzustellen. Der Begriff *Bungalow* bezeichnete ursprünglich ein eingeschossiges Sommerhaus. Der Wortsinn erweiterte sich dahin, dass man mit diesem Terminus feste, ganzjährig bewohnte Häuser titulierte, in denen sich das Leben auf einer Ebene abspielt. Dieses Prinzip bedingt je nach Größe des Hauses eine flächig über das Terrain ausgedehnte Anlage des Grundrisses. Da der Bungalow auf breiter Grundfläche steht, wird das Haus, wenn überhaupt, nur partiell unterkellert. Niveauunterschiede im Inneren des Hauses können zu einer differenzierten Raumgestaltung beitragen. Für Bungalows ist das flache Dach bevorzugt. Häuser mit Steildächern fallen nicht unter den Begriff *Bungalow*.

Mit dem Bau seines eigenen Wohnhauses Barbarahof 1951–54 gelang Walter Brune der Durchbruch als Wohnhaus-Architekt für eine begüterte Klientel. Dieses Haus, das er für sich und seine Familie plante, brach mit den im Nachkriegsdeutschland noch gängigen traditionellen Wohnvorstellungen. Von allen Zwängen eines Auftraggebers befreit konnte er hier seine eigene Architekturprogrammatik entwickeln, die eine deutlich erkennbare Nähe zu der zeitgenössischen amerikanischen Architektur aufwies, ohne dass er selbst zunächst Kenntnis von dieser besessen hätte. Dies änderte sich jedoch schnell in den folgenden Jahren, als für ihn ein intensiver kultureller Erfahrungstransfer mit der internationalen, vor allem nordamerikanischen Architektur begann. Diese Zeit erschien ihm wie eine Offenbarung. Schnell verarbeitete er die Trends, von denen die deutsche Architektur nahezu zwei Jahrzehnte lang ausgeschlossen war. Diese intensive Auseinandersetzung zeigte sich in zahlreichen Projekten, in denen er ständig experimentierte. Die internationale Anerkennung Walter Brunes erfolgte schließlich Anfang der siebziger Jahre, als es im Rahmen von Entwicklungsprojekten für die Weltbank zu einer beruflichen Zusammenarbeit mit dem ehemaligen Bauhausmeister Marcel Breuer in einem gemeinsamen Büro in New York kam. Marcel Breuer war schon 1933 in die USA emigriert und führte dort zunächst gemeinsam mit Walter Gropius ein Büro, bevor er sich ab 1941 selbstständig machte.

Zahlreiche Publikationen in Bauzeitschriften machten Walter Brunes eigenes Haus so bekannt, dass schließlich verschiedene Bauwillige in seinem Büro anklopften, um sich ein ebensolches Haus von ihm bauen zu lassen. Den Wunsch, einen zweiten Barbarahof zu errichten, erfüllte Walter Brune natürlich niemandem. Je nach Bauaufgabe, definiert durch Ort, familiäre Situation und finanzielle Möglichkeiten entstanden in den folgenden Jahrzehnten individuelle Unikate, denen allen ein großes Thema gemein ist: die Durchdringung von Architektur und Natur.

Bauen in der Landschaft als Ausdruck menschlicher Identität

Es ist kein Zufall, dass Brunes Wohnhäuser sich harmonisch in die Landschaft einfügen. Als 'Landmensch', wie er sich selbst sieht, hat er instinktiv seinen Bauten einen Figuralcharakter im Verhältnis zur Landschaft verliehen. Wie das im einzelnen Fall gemacht werden kann, hängt selbstverständlich von der Art der Landschaft und der Bebauung ab, aber einige allgemeine Prinzipien gilt es hierbei immer zu beachten. Die Wahrnehmungspsychologie kennt drei elementare Prinzipien der Ordnung: Nähe, Kontinuität und Geschlossenheit. Dies bedeutet, dass eine Sammlung von Elementen entweder zu einer *Gruppe*, einer *Reihe* oder zu einem geschlossenen *Kreis* geordnet werden kann. Diese Ordnungen können natürlich auch miteinander kombiniert werden. Jedes Dorf ist in der Vergangenheit mithilfe dieser Prinzipien gebildet worden. Paradoxerweise hat es sich damit nicht nur vom Grundcharakter der Landschaft abgehoben, sondern diesen vor allem auch betont, weil die Konzentration der Baumassen den Grundcharakter der Landschaft respektierten.

Auf welche Weise setzte Brune den Figuralcharakter seiner Häuser im Verhältnis zur Landschaft durch? Er weigerte sich schlicht, seine Häuser auf kleinen Grundstücken innerhalb eines Siedlungsbreis zu errichten. Sehr häufig wurde er bei der Auswahl der Grundstücke einbezogen und konnte so den Häusern seiner Ansicht nach ausreichend große Grundstücke verschaffen. Um den Charakter seiner freistehenden Einfamilienhäuser als Landhaus zu verstehen, muss man sich notwendigerweise über die Eigenschaften der Landschaft Gedanken machen. Bei der Vielfältigkeit, in der Landschaften in Erscheinung treten können, mag dies unmöglich erscheinen, dennoch gibt es eine Eigenschaft, die alle Landschaftstypen gemein haben: die Kontinuität. Die Landschaft bietet immer einen zusammenhängenden Hintergrund, auf dem sich menschliche Werke abzeichnen. Die Landschaft dominiert und hat deshalb eine vereinende und ordnende Funktion. Die Wahrnehmungspsychologie lehrt uns, dass eine Grundbedingung für adäquate Wahrnehmung die klare Beziehung von *Figur* und *Grund* ist. Jede *Figur* oder Gestalt muss sich auf einem weniger strukturierten *Grund* abzeichnen. Dieses Prinzip gilt gleichermaßen für die Malerei und die figürliche Kunst. Und genau dieses Prinzip unterlegte Walter Brune dem Entwurf seiner frühen Landhäuser, die figural vor dem *Hinter-Grund* Landschaft wirken sollten.

Die Berücksichtigung dieses Prinzips bedeutet jedoch nicht stringent, dass die Bebauung sich isoliert und im Kontrast zur Landschaft hervortritt. Für die Nahsicht ist es selbstverständlich bedeutsam, dass die Bauten nicht unvermittelt stehen, sondern – wie noch zu sehen sein wird – über einzelne architektonische Elemente mit ihrer Umgebung verbunden werden. Für die Fernsicht jedoch oder besser für das Verhältnis der Bauten zur Landschaft ist die Gruppierung entscheidend.

Das eigentliche Ziel eines Architekten ist es, Orte zu schaffen, mit denen sich Menschen identifizieren können. Für den Bau eines Wohnhauses bedeutet dies in erster Linie, den Wünschen der Bauherren eine räumliche Gestalt zu geben. Orientierung und Identifikation sind die grundsätzlichen Mittel, die der Mensch benutzt, um sich in der Welt zurechtzufinden. Für den Architekten gilt es, die räumlichen Konsequenzen dieser Tatsache zu beachten. Es ist seine Aufgabe, den Orten eine solche Form zu geben, dass die hier beabsichtigten *Inhalte* aufgenommen werden können. Gleichzeitig muss die Umwelt wahrnehmbar sein in dem Sinne, dass sie eine Vorstellung erlaubt, wie die einzelnen Teile zusammen ein sinnvolles Ganzes darstellen. Die Ordnungen und Formen sollten ihrerseits sehr verschiedenartige Interpretationen erlauben, um den Bedürfnissen unterschiedlicher Menschen gerecht zu werden. Insofern gilt es für den Architekten, so zu planen, dass die Möglichkeit der Lebensentfaltung der Menschen, für die er baut, bereichert wird. Dies geschieht weder durch eine Planung, die alles festlegt, noch durch eine missverstandene, anarchische Freiheit, sondern durch die Schaffung eines Beziehungssystems, das die Identität des Individuums erlaubt, der Lebensentfaltung des Einzelnen dient, also den Menschen in seinem lokalen Umfeld verankert. Das Lokalisieren muss mit der Definition eines Ortes in der Landschaft anfangen, der die grundlegenden Qualitäten *Nähe* und *Ferne*, *Außen* und *Innen* bestimmt.

Walter Brunes Architekturprogrammatik — Elemente Brune'scher Bungalow-Architektur

Brunes Wohnhäuser haben stets eine leichte, filigrane, nicht monumentale Bauweise. In der Praxis weisen die Wohnhäuser stets ähnliche Gestaltungselemente auf. Man kann in den Häusern ein architektonisches Bauprogramm erkennen, das im Folgenden skizziert werden soll. Bemerkenswert ist dabei, dass diese Programmatik alles andere als starr ist. Bei jedem Projekt bleibt für die Individualität des Ortes und seiner Bewohner ausreichend Raum, sodass kein Haus dem anderen gleicht.
Die Elemente seines Bauprogramms sind folgende:

Die Verschmelzung von Innen und Außen
Die Tendenz, den Unterschied zwischen Innen- und Außenraum aufzuheben, wird besonders in der großen Wohnlandschaft deutlich, den die Wohnräume untereinander und zum Garten hin darstellen. Der Innenraum geht hier fließend in den Außenraum über. Die Fassaden der Wohnräume sind stark transparent. Der Innenraum ist vorzugsweise durch eine Glasschiebewand nach außen zu erweitern, wo eine vom großen Dach des Hauses überdachte Terrasse diesen Raum ergänzt. Da die Wände als Wandscheiben über die Fassadenebene hinaus in den Außenraum hinausgezogen sind, werden die Terrassen z.T. räumlich ähnlich begrenzt wie die Wohnräume, die sie baulich ergänzen. Brunes Bestreben, Innen und Außen miteinander zu verbinden, führte aber nicht nur zum Entwurf raumhoher (Schiebe-)Fenster oder in den Außenraum ausgreifender Wandscheiben, sondern auch zu einer Modellierung des Fußbodens im Ess- und Wohnbereich, wo Stufen die Niveausprünge des Gartens im Inneren fortsetzen.

Brunes Absicht, das Haus mit seinem Grund und Boden zu *verweben*, wird durch die ausgeprägte Horizontalität der Häuser betont. Seine Architektur versucht sich hier eher *klein* zu machen, als den Ort, auf dem sie steht, zu dominieren. Die Schaffung vertikaler Akzente wird der Natur selbst überlassen. So wirken viele der Brune'schen Landhäuser regelrecht unter die hohen Baumkronen geschoben, sodass das Landschaftsbild unverändert erhalten bleibt. Ein anderes Mittel, Innen und Außen miteinander zu verzahnen, erreichte der Architekt mithilfe der baulichen Elemente selbst, indem z.B. weit in den Außenraum ausgreifende Wände, Dächer und Deckenbalken oder auch Rahmenkonstruktionen in räumlich aufgelöster Weise die konstruktive Ordnung des Hauses im Außenbereich fortsetzen. Die innenräumliche Ordnung wird durch Terrassen oder spiegelnde Wasserbecken im Außenraum ergänzt. Schließlich sind es die Materialien selbst, die als Bruchsteinwände, Holzbalken, Ziegelmauern innen wie außen gleichermaßen in Erscheinung treten und dadurch einen Unterschied zwischen Innen und Außen negieren. An anderer Stelle ist die Durchdringung von Natur und Architektur nicht nur metaphorisch zu verstehen, sondern wörtlich: und zwar dort, wo Baumstämme die dafür vorgesehene Öffnung in der Dachplatte durchstoßen.

Struktur
Ein wichtiger Aspekt der Brune'schen Architektur ist — in Analogie zur Architektur von Frank Lloyd Wright und Ludwig Mies van der Rohe — die Betonung der Struktur als wesentliches Baukonstituens. Während die Funktionen eines Gebäudes wechseln können, bleibt die Form bestehen. Die Struktur schließt wechselnde Bedürfnisse mit ein. Diesem Prinzip folgen die Grundrisse seiner Landhäuser und machen sie vielseitig und interessant. Diese Kombination aus geometrischer Struktur als Ordnungsprinzip und gleichzeitiger funktionaler Flexibilität macht sie auch für heutige und künftige Wohngrundrisse beispielhaft.

Trotz der Offenheit des Grundrisses ist aus den Plänen eine axiale Ordnung der Räume untereinander zu erkennen. Diese Axialität hat nichts mit Repräsentation zu tun, sondern ist ein reines Ordnungsprinzip, da nur jeweils einzelne Räume in ihrer Beziehung zueinander davon erfasst werden. So befindet sich auch der Eingang niemals in der Achse der Eingangsfront, mit einer Ausnahme: und zwar des Hauses seines Bruders, wo allerdings eine raffinierte Störung der Symmetrie der Front jedwede Starrheit nimmt.

Wände und Stützen gliedern als selbstständige architektonische Elemente den *fließenden Raum* im Wohnbereich. Hier ist ein Zusammenspiel der Räume ohne starre konstruktive Abgrenzung innerhalb eines Raumkontinuums mit möglichst direktem Übergang zum Garten bzw. Landschaftsraum erkennbar. Nur die Schlaf- und Nebenräume, manchmal auch die Küche werden als Individualräume vom *fließenden Raum* abgetrennt.

Funktion
Zwar hatte Walter Brune seine Bauherren nicht einen ausführlichen Fragebogen zu deren Lebenslauf ausfüllen lassen, wie dies einst sein amerikanischer Seelenverwandter Richard Neutra tat, dennoch legte er äußersten Wert auf die räumlich präzise Umsetzung der funktionalen Bedürfnisse seiner Bauherren. Hierzu bediente er sich des *Kunstkniffs*, dass er die Bauherren selbst mit einfachen Strichen ein Grundrissschema skizzieren ließ, was in aller Regel nicht so gut gelang, jedoch in Teilbereichen zu brauchbaren Funktionsschemata führte. Gleichzeitig stärkte diese Übung die Identifikation der Bauherren mit 'ihrem' Haus, das sie nun als Produkt eigener Überlegungen ansahen. So meinte ein Bauherr scherzhaft auf einer Einweihungsfeier: „Ich versteh gar nicht, warum wir dem Architekten ein Honorar zahlen, wir haben das Haus doch selbst entworfen."

Der Kamin

Wenn es einen *geheiligten Ort* in den Häusern Walter Brunes gibt, dann ist es – wie beim amerikanischen Architekturheroen Frank Lloyd Wright – die Feuerstelle: der Kamin. Für Brune ist hier der Ort der Gemeinschaft, der Ort, den alle seine Auftraggeber als besonders behaglich empfinden. Der offene Kamin, der in keinem von Brunes Bungalows fehlt, bekrönt zumeist den Wohnraum, hat bei ihm einen ebenso bedeutenden Platz wie im amerikanischen Wohnhaus inne. Der offene Kamin dominiert den Wohnraum. Trotz der Auflösung des Raumes und seiner Öffnung nach außen sowie der Durchdringung des Hauses mit funktionellen Ideen behält das Haus seine Definition als Heim bzw. Behausung durch die Feuerstelle im Mittelpunkt. Bemerkenswert ist, dass in vielen seiner Häuser die Kamine gleichermaßen innen wie außen nutzbar sind. Konsequenterweise wird dieser Ort architektonisch herausragend gestaltet. Als Skulptur bietet der Kamin im offenen Grundriss der Wohnlandschaft den zentralen Blickpunkt. In der Fassade bildet der Rauchabzug des Kamins als einziges vertikales Element eine Dominante.

Schutzfunktion von Architektur

Mit der zentralen Stellung des Kamins eng verbunden ist ein anderes wesentliches Kriterium der Architektur Walter Brunes. War es doch eine der ursprünglichen Aufgaben von Architektur überhaupt, die Feuerstelle zu schützen, so muss die Schutzfunktion als Aufgabe der Architektur herausgestellt werden. Sie ist von zentraler Bedeutung zur Wahrung der Individualität der Bewohner. Um Geborgenheit durch intime Wohnbereiche zu erreichen, bediente Brune sich folgender architektonischer Elemente: Sehr weit überstehende Flachdächer beschützen das Haus und betonen seine Beziehung zum Erdboden. Der häufige Einsatz von Bruchsteinmauern in den Wohnräumen verleiht dem Haus nicht nur eine gewisse Bodenständigkeit, sondern auch eine behagliche Atmosphäre, die durch das Material selbst und durch die Geschlossenheit der Wand hervorgerufen wird.

Seelenverwandtschaften — architektonische Vorbilder

In vielen Aspekten erinnert Walter Brune an einen der prominentesten deutschen Villen- und Landhausarchitekten, nämlich Fritz August Breuhaus de Groot (1883–1960), der ihm als Architektenpersönlichkeit sicherlich ein Vorbild war. Beide waren nicht einmal Mitte zwanzig, als sie ihr eigenes Büro gründeten, beide begannen ihre Karrieren in Düsseldorf und bauten zahlreiche Wohnhäuser an Rhein und Ruhr. Ihr fachliches Können war gepaart mit dem Talent zu einer wirkungsvollen Publicity, die beide zu Stars der Medien machten und ihnen gesellschaftliche Anerkennung verliehen. Im Gegensatz zu Breuhaus de Groot, der in seinen Bauten einem modernen Eklektizismus (*kultivierte Sachlichkeit*) nachging — nicht so sehr weil er dies wollte, sondern weil er dies musste, um Aufträge zu erhalten —, konnte Walter Brune nach dem Krieg dessen Wunsch nach Einfachheit und Zweckmäßigkeit in der Wohnhausarchitektur umsetzen, weil nun die Zeit dafür reif war. Auch den amerikanischen Traum Breuhaus de Groots konnte Walter Brune verwirklichen. Zwar übersiedelte Walter Brune nicht in das Land, in dem Breuhaus de Groot immer leben und arbeiten wollte, doch wie viele seiner Zeitgenossen auch ist Walter Brune von den Vereinigten Staaten und der amerikanischen Lebens- und Bauweise beeindruckt. Er liest amerikanische Architekturzeitschriften, baut in amerikanischen Größenverhältnissen und betätigt sich später auch unternehmerisch — wie es z. B. auch Philipp Johnson tat. Reisen bringen ihn in Kontakt mit amerikanischen Kollegen und deren Werken, schließlich auch in die Büropartnerschaft mit Marcel Breuer.

So kommt er u. a. auch mit dem ehemaligen Bauhausdirektor Ludwig Mies van der Rohe in Kontakt, der in den fünfziger Jahren wohl der einflussreichste zeitgenössische Architekt überhaupt war. Mies van der Rohes architektonisches Streben nach Transparenz und Klarheit spiegelt sich in dessen Konzeption des „kontinuierlichen Raums" wider. Die Aufhebung der tragenden Funktion der Wände ist eine Folge dieser Raumauffassung.

Dessen Raumauffassung und Raumkomposition mithilfe einer streng orthogonalen und kubischen Ordnung teilt Walter Brune in seiner Architekturkonzeption ebenso wie die unverkleidete Verwendung edler Materialien. Wie in Mies van der Rohes Wohnhausbau fallen auch bei Brune Funktion und Ästhetik zusammen. Beiden ist die offene Grundrissgestaltung wichtig, die Flexibilität der Wohnräume, die Durchdringung von Innen- und Außenraum und die breite Öffnung des Hauses zum Garten. Beide Architekten haben, wie es zeittypisch war, das Anliegen, Kunst und Architektur zu integrieren. So betätigte sich Walter Brune selbst nicht nur im Rahmen seiner Architektentätigkeit als Maler und Skulpteur. Seiner pluralistischen Grundhaltung entsprach es, nicht Alleingestalter zu sein, sondern viele Künstler an der Gestaltung zu beteiligen. So konnte das Praktische und Nützliche zugleich immer auf vielfältige Weise künstlerisch betont werden.

Mehr aber noch als mit den Bauten Ludwig Mies van der Rohes lassen sich Walter Brunes Bungalows in Beziehung zu denen von Richard Neutra bringen. Richard Neutra gilt als einer der wichtigsten *Einflussträger* für die europäische Wohnhausarchitektur nach dem Zweiten Weltkrieg, und Walter Brunes Bauten weisen erkennbar Einflüsse aus dessen Architektur auf. Wie bei Neutra sind auch Walter Brunes Bungalows durch leichte, sparsame Konstruktionen und durch die Betonung von ausgesuchten Materialien gekennzeichnet. Beiden ist es ein zentrales Anliegen, panoramaartige Ausblicke in die Landschaft zu schaffen. Der starke Landschaftsbezug und die visuelle Einbeziehung der Natur sind Leitgedanken, die natürlich ebenso eng an

Frank Lloyd Wrights Ideen anknüpfen: an sein Verständnis einer organischen, ortsbezogenen Architektur.[1] Ähnlich wie bei Neutras „biorealistischem Ansatz"[2] ist Walter Brune der Überzeugung, dass die Umgebung des Menschen die Sinne ansprechen müsse, und so geht er zunächst von den biologischen Bedürfnissen des Menschen aus, was die sie umgebende Architektur betrifft. Erst danach kommen funktionale, ästhetische und technische Aspekte.

Dass der Architekt nicht nur Ingenieur und Dienstleister, sondern auch Künstler ist, ist für beide Architekten, Brune wie Neutra, selbstverständlich. Das Schöne und das Praktische liegen für sie ganz nah beieinander. Praktisch und sinnvoll sind die architektonischen Raffinessen wie Schlitze unter dem Dach als Sonnenbrecher, rahmenlose Verglasungen, Schiebetüren oder aber auch Wasserbecken, die nicht nur als Schwimmbecken dienen, sondern das Licht auf wunderbare Weise reflektieren. Diese architektonischen Elemente sind funktional und gleichzeitig ästhetisch ansprechend.

Die Vorliebe für filigrane Konstruktionen, weit auskragende Dächer und Kamine als vertikale Akzente sowie für Swimmingpools, die den Häusern als Wasserflächen vorgelagert sind, ist bei beiden unübersehbar. Beide sind aus denselben Gründen von Frank Lloyd Wright fasziniert: Dessen Häuser hatten keine Wände im herkömmlichen Sinne, und die Zimmer öffnen sich nach allen Richtungen.

Neutra wurde „Architekt aus Menschenliebe" genannt, und auch Walter Brune wollte eine Architektur schaffen, die möglichst nah an den körperlichen und seelischen Bedürfnissen ihrer Bewohner ausgerichtet ist, verbunden mit dem Wunsch, immer durch seine Architektur Lebensglück als Umwelterlebnis zu schaffen.

Architektur, Natur und Kunst

Nicht technische Kühnheit ist das Entscheidende von Walter Brunes Bungalows, sondern ihre Seele. Er will, dass die Bewohner sie erleben, dass man sie spürt. Und so entwickelte er die Idee, mittels gebauter Substanz aus dem Inneren des Hauses heraus einen künstlichen Rahmen für die Natur zu schaffen, um sie dadurch zu einem Teil des Bauwerks zu erheben. So sind es die weit in den Außenraum ausgreifenden baulichen Elemente oder die Öffnungen, welche die Landschaft einfassen und dadurch definieren, ähnlich wie eine Malerei durch den Rahmen eingegrenzt wird. Hinter dieser architektonischen Auffassung verbirgt sich ein sehr klassisches Verständnis von Kunst, nämlich das, dass es zwar Ähnlichkeiten zwischen Kunst und Natur gibt, in jedem Falle aber die Kunst die Natur imitiert und nicht umgekehrt: „Was aber natürlicherweise entsteht, entsteht um eines Zweckes willen und es bildet sich sogar immer um eines höheren Zweckes willen als das, was durch Kunst entsteht. Denn die Natur ahmt nicht die Kunst nach, sondern diese die Natur, und wenn die Kunst ihr zu Hilfe kommt, so kann sie das vollenden, was die Natur noch unvollendet gelassen hat." (Aristoteles: *De Partibus Animalium*)

Anmerkungen

1. Neutra seinerseits wurde stark von Frank Lloyd Wright beeinflusst und entwickelte dessen Gedanken weiter.
2. Neutras Buch, *Survival Through Design* (1954), ist F.L. Wright gewidmet und stellt seinen „biorealistischen Ansatz" dar.

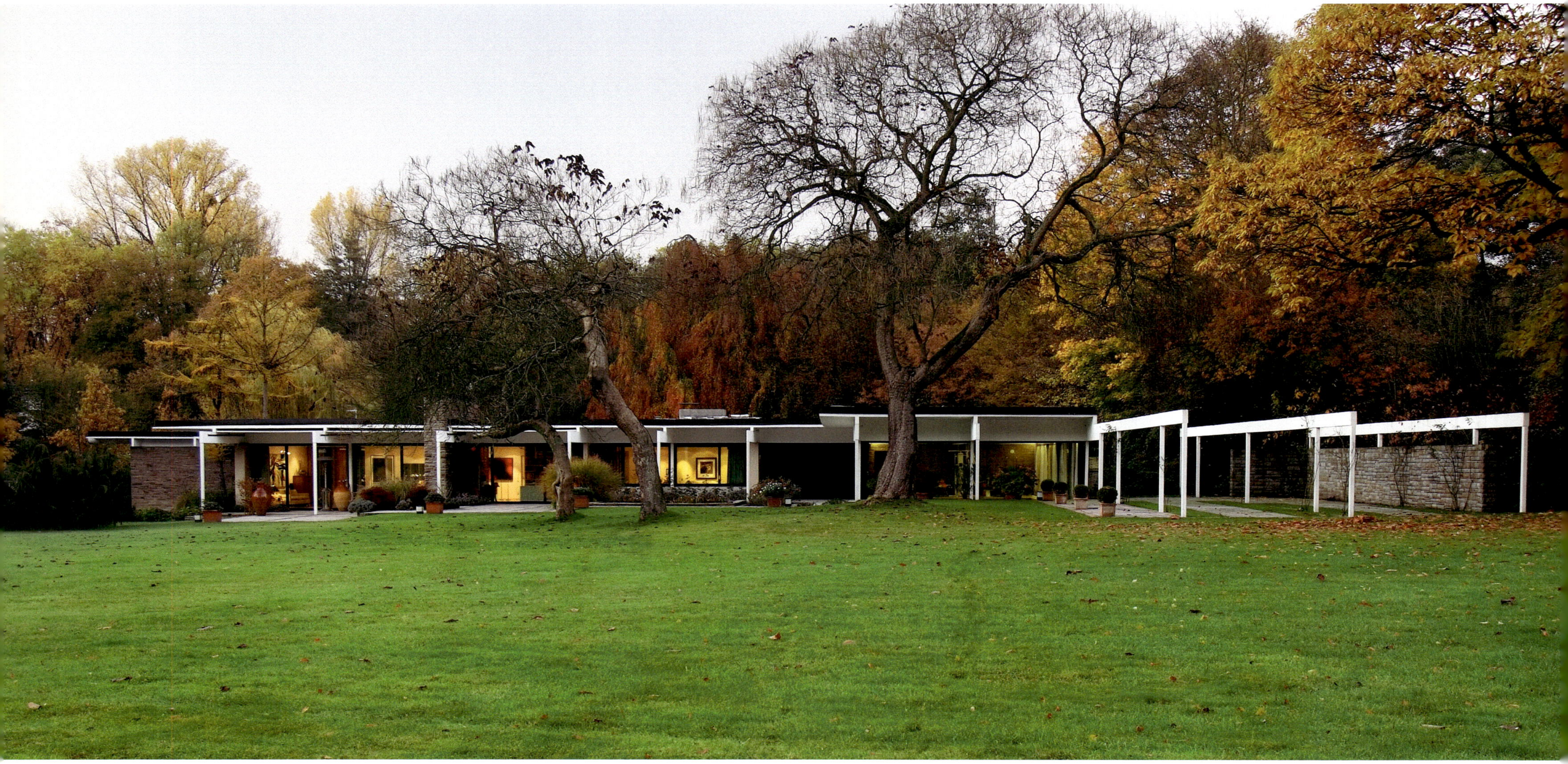

Barbarahof

Düsseldorf 1951–54, 1966–67, 1970–72 (mehrere Ausbaustufen)

Innerhalb eines ausgedehnten Waldgebietes am Düsseldorfer Stadtrand lag ein großes Wiesen- und Feuchtgebiet, das der Architekt und Bauherr trockenlegte, um es in einen großen Park mit Wasserläufen und Seen umzugestalten. Das Landschaftsbild ist durch hohe Baumgruppen und durch weitläufige, sanft zum Wald ansteigende Wiesen gekennzeichnet.

Inmitten dieses landschaftlichen Bildes komponierte Walter Brune einen großzügig angelegten und in mehreren Ausbaustufen erweiterten Bungalow als Wohnsitz für sich und seine Familie mit sechs Kindern hinein. Der Bezug dieses Hauses zur Natur ist mannigfaltig: So wird z. B. ein das Grundstück durchfließender Bach unmittelbar am westlichen Ende des Hauses zu einem kleinen Teich aufgestaut. Die Fortsetzung des Baches und seine Einmündung in einen kleinen See trennen den Vorhof des Grundstücks vom Rest des Parks. Von allen Seiten des sehr differenziert gestalteten Bauwerks wird dem herrlichen Ausblick in die Landschaft Rechnung getragen.

Das private Wohnhaus trägt den Namen *Barbarahof*. Wie meist, wenn ein Haus einen eigenen Namen trägt, ist dies ein Ausdruck starker Identität des Ortes. Der Barbarahof ist mehr als ein überaus gelungenes Beispiel großzügiger Wohnhausarchitektur. Er ist gleichermaßen häusliches Refugium wie architektonisches Programm. Der Barbarahof verrät viel über seinen Erbauer. Zunächst einmal ist da der Bezug des Hauses zur Natur. Diese Verschmelzung von Architektur und Natur ist so stark ausgeprägt, wie es wohl stärker kaum möglich ist. Wer anderes als ein Natur- und Kunstliebhaber könnte auf diese Symbiose so viel Wert legen? Es sind nicht nur die herrlichen Blickbeziehungen aus dem Haus in den Landschaftspark, die den star-

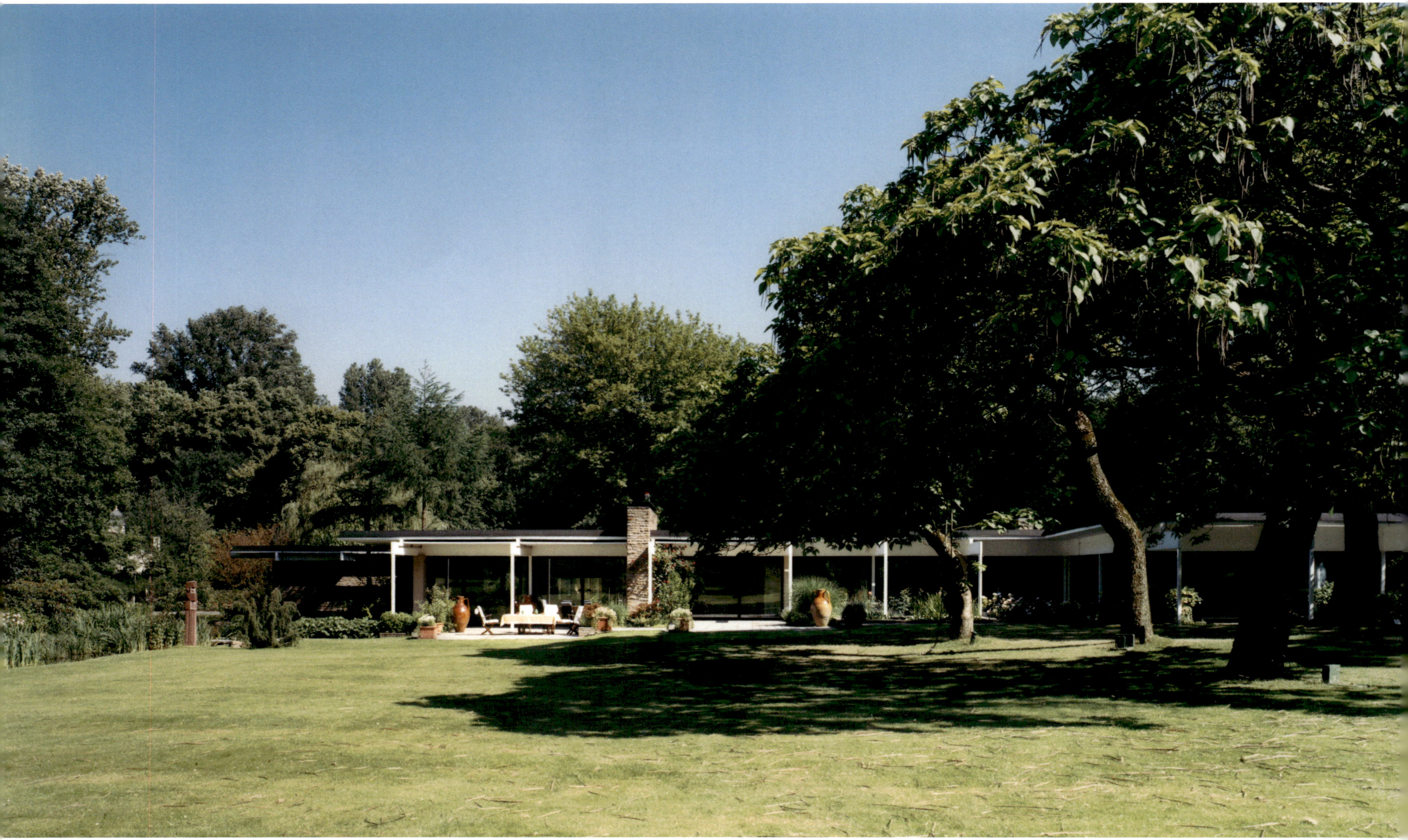

ken Naturbezug unterstreichen. Die bauliche Gestaltung des Hauses selbst ist so angelegt, dass es sich regelrecht in die sehr spezielle topografische Situation einfügt, man möchte fast sagen: sich anschmiegt.

Zum anderen fällt die Geradlinigkeit und Zweckmäßigkeit der Architektur auf. Das Gebäude dient trotz seiner großzügigen Dimension nicht repräsentativen Zwecken. Nichts ist zu sehen von irgendwelchen Formalismen, die der Selbstdarstellung dienen. Das Haus dient den Menschen, die in ihm leben, arbeiten und das Leben genießen. Der Detailreichtum ist abwechslungsreich und entspricht einer Persönlichkeit, die viel von der Welt gesehen hat.

Die konstruktiven Fügungen der Bauteile untereinander sind präzise, handwerklich sauber gearbeitet. Nichts wird kaschiert oder verblendet. Alle Materialien treten sichtbar, unverkleidet in Erscheinung. Das Haus ist aufrichtig: Es dient keinem schönen Schein, es ist.

Der Grundriss ist in Form eines nach Norden und Westen geöffneten rechten Winkels angelegt. Aufgrund der flexiblen Anpassung an veränderte Lebensbedürfnisse wurde das Landhaus über Jahrzehnte ständig weiter ausgebaut. So wandelte sich die Form des Grundrisses durch den Anbau einer überdachten Schwimmhalle, eines Garagengebäudes und eines Arbeitsbereiches zu einem mehrflügeligen Gebilde, dessen Arme weit in den Landschaftsraum ausgreifen. Innerhalb des längsten Gebäudeflügels befindet sich zwischen den Garagen und den Personal- und Kinderzimmern noch zusätzlich eine Einliegerwohnung.

Ein Blick auf den Grundriss verdeutlicht, dass die Wände des Hauses als freistehende Wandscheiben rechtwinklig aus der Gebäudehülle weit in den Außenraum hervortreten und die dazwischenliegenden Fassaden in Form raumhoher Fenster nahezu aufgelöst sind. Während die kleineren, privaten Räume des Hauses räumlich eindeutig definiert sind, sind die Übergänge zwischen den großen, öffentlichen Räumen fließend. Das Raumkontinuum gestattet hier fortwährend neue anregende Eindrücke. Dieses gleichermaßen räumliche wie optische Erlebnis wird durch die Aufnahme des natürlichen Höhengefälles des Grundstücks durch einen leicht abgesenkten Fußboden im Wohn- und Essbereich noch gesteigert. Interessantes Detail des Grundrisses ist eine Bar, die zwischen dem Essraum und dem Wohnbereich angeordnet ist. Ein zugeordneter Kühlraum bietet Platz für Getränke an der Bar, ist aber gleichzeitig auch von der Küche erreichbar, um Gemüse, Obst und Küchenvorräte kühl zu lagern. Diese Bar als kommunikativer Mittelpunkt des Hauses findet große Wertschätzung des Hausherrn. Er hebt die Bedeutung dieses Ortes für viele sich anbahnende Gespräche, die er hier hielt und die später zu guten Aufträgen führten, hervor. Dieser unverbindliche Small Talk bei einem Drink in jener architektonisch akzentuierten freien und gelösten Atmosphäre war — wie er sagte — ein Detail seines beruflichen Erfolges. Große gläserne Schiebetüren ermöglichen eine Erweiterung der Wohnräume in den Außenraum. Die Verzahnung des Gebäudeinneren mit dem Außenraum wird schließlich dadurch komplettiert, dass die Plattenbalkenträger weit unter der Dachplatte in den Garten hinaustreten, um hier auf dünnen Stützen zu ruhen.

Großzügige Fensteröffnungen befinden sich jedoch nicht nur auf der Südseite, sondern auf allen Seiten des Hauses, wodurch sämtliche Räume außergewöhnlich gut belichtet sind. Im Bereich des Schwimmbades gar ergänzt eine filigrane Rahmenkonstruktion diesen Gebäudeteil im Außenraum und zwar so, dass sie eine große Terrassenanlage überspannt, ohne aber dabei diesen Raum gegenüber dem Park zu verschließen. Im Gegenteil: Der fließende Übergang zwischen Park und Haus, zwischen Natur und Architektur wird durch dieses pergolaartige Rahmenwerk verstärkt.

Eine Durchdringung von Architektur und Natur auf andere Art und Weise wird mithilfe einer kreisrunden Öffnung des Daches für den Stamm einer großen Pappel ermöglicht. Der Baum wurde respektiert, indem der Architekt ihn einfach in seine Architektur integrierte.

Beachtenswert ist auch die spätere dritte Erweiterung, die neben einer Teilunterkellerung für Heizung und Vorräte einen großzügigen Fitness- und Kinderspielbereich sowie später noch einen Partybereich schuf. Diese Erweiterungen wurden unterhalb der Rasenfläche des Kinderspielhofs angeordnet, um das oberirdische Gesamtensemble von Architektur und Natur nicht zu stören.

Die räumliche Freiheit des Hauses wird gestalterisch durch die Betonung der Unabhängigkeit der baulichen Elemente ergänzt: Wandscheiben, Plattenbalken, Deckenplatte, Stützen treten jedes für sich sichtbar in Erscheinung. Über allem spannen sich große, weit über die Gebäudekante auskragende Dachplatten, die durch ihre ruhige Form und ausgeprägte Horizontalität dem Gebäude den notwendigen Schutz bieten, den ein landschaftlich frei stehendes Gebäude nun einmal braucht. Gleichzeitig dient das vorstehende Dach als Sonnenschutz. Schlitze lassen ein interessantes Lichtspiel zu. Lediglich der aus Natursteinen gefügte Kaminblock mit zwei Kaminen tritt als ver-

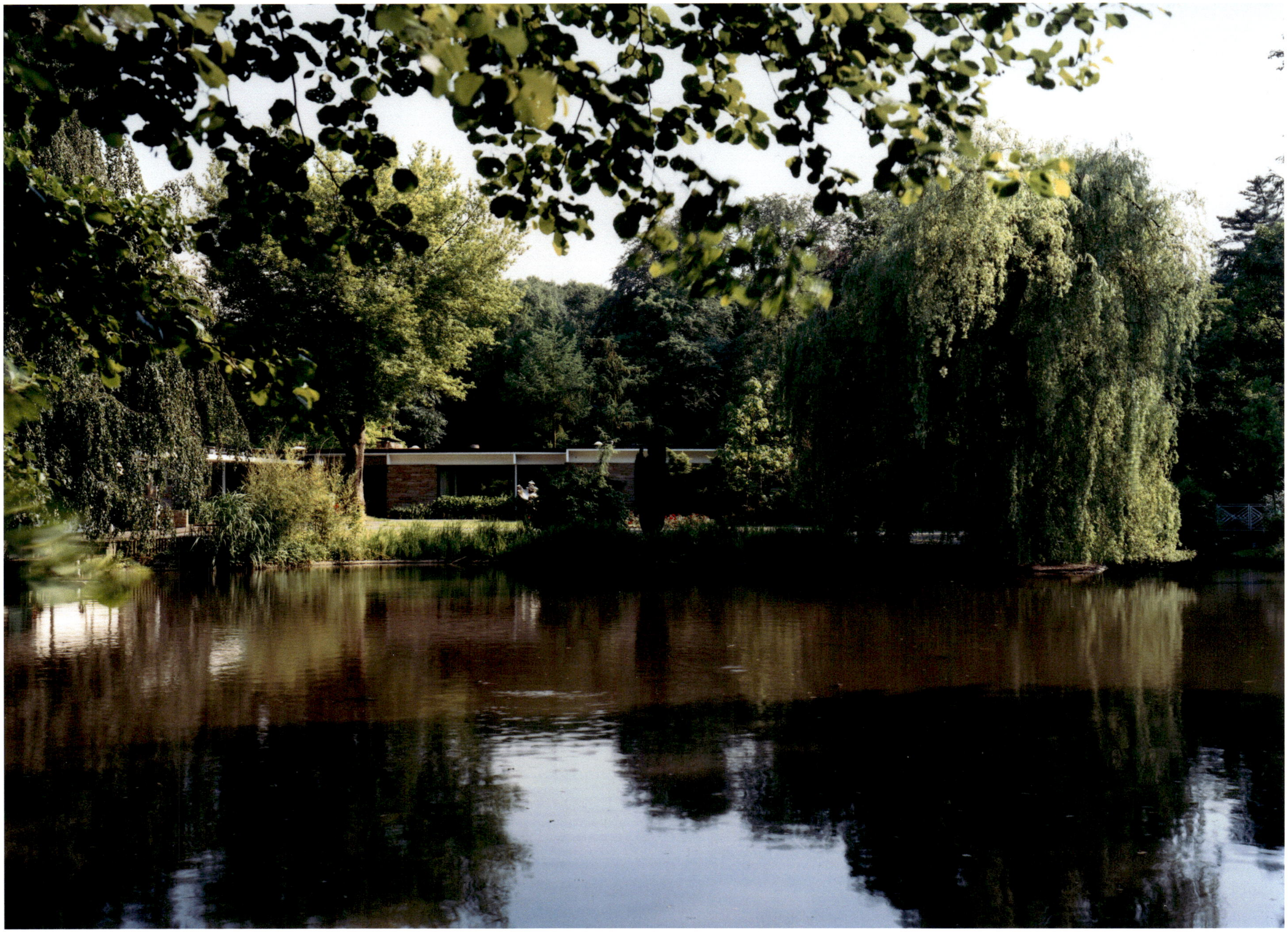

tikaler Akzent in Erscheinung. Er ist aufgrund seiner Masse, Größe und Materialität nicht nur optisch der Schwerpunkt des Hauses. Funktional ist er der Ort der Gemeinschaft der Familie. Wie in einem Haus mit derartig starkem Naturbezug nicht anders zu erwarten ist, kann er innen wie außen gleichermaßen als Feuerstätte benutzt werden.

Das in den Brune'schen Häusern später häufig wiederkehrende Motiv einer massiven Bruchsteinwand, die innen und außen sichtbar in Erscheinung tritt, wandte er hier erstmalig an. Die Natürlichkeit dieses Materials wird im Kontrast zum Glas besonders betont. In der Anwendung als Wandscheibe gibt dieses Material dem Gebäude optischen Halt und verankert es statisch mit dem Boden.

Architektonisches Programm — Experimentierbaukasten — Wirkungen

Der Barbarahof ist das architektonische Programm eines Mannes, der hier über Jahrzehnte seine eigenen architektonischen Vorstellungen und Erfahrungen umsetzte. Das Programm lässt sich folgendermaßen benennen:
- Durchdringung von Architektur mit der Natur
- Entwicklung des Grundrisses aus den funktionalen Erfordernissen
- Schutzfunktion der Architektur: starke Differenzierung zwischen Individualräumen und Wohnräumen
- Schaffung komplexer Raumsituationen, um der Individualität der Bewohner zu entsprechen

Walter Brune brach bei diesem Bungalow Anfang der 1950er Jahre mit den damals gängigen traditionellen Wohnvorstellungen im Nachkriegsdeutschland. Er plante in der Nachkriegszeit für sich und seine Familie ein Gebäude, das sich flexibel den Bedürfnissen seiner Bewohner anpasste und kontinuierlich weitergebaut werden konnte. Adaptionen in diesem Haus, die an Frank Lloyd Wright oder Richard Neutra erinnern, sind eher zufälliger Natur, da der junge Architekt zu diesem Zeitpunkt noch keine Berührung mit der internationalen Architektur hatte. In Berührung mit seinen amerikanischen Kollegen sollte er jedoch schon unmittelbar nach dem Bau des Barbarahofs auf einer Nordamerikareise kommen, was regelrechte Begeisterung in ihm entfachte. Die Wertschätzung war nicht nur einseitig. So zeigte sich Marcel

22

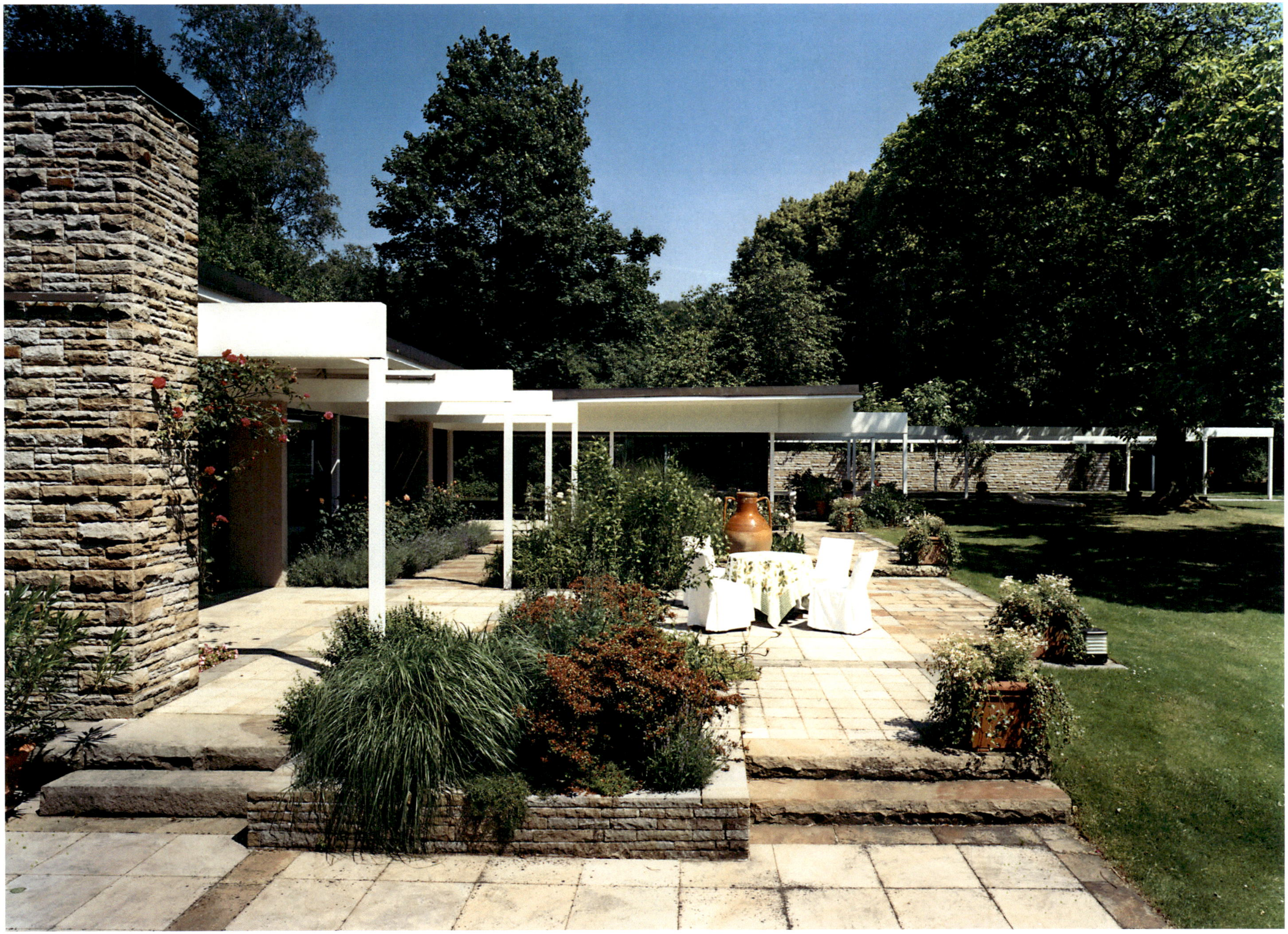

Breuer, mit dem Walter Brune später bei verschiedenen Projekten für die Weltbank zusammenarbeitete, bei seinem Besuch des Barbarahofs außerordentlich begeistert: Er hatte nicht geahnt, dass die deutsche Nachkriegsarchitektur derartig moderne Wohnhäuser hervorgebracht hatte.

Mit dem Barbarahof gelang Walter Brune der Durchbruch als moderner Architekt Anfang der 1950er Jahre. Ähnlich avantgardistische Bungalows waren zu dieser Zeit in Deutschland selten und sollten es auch noch eine Weile bleiben. Infolge der ersten Veröffentlichungen in nationalen Zeitschriften und internationalen Magazinen besuchten ihn zahlreiche Persönlichkeiten, um sich von ihm ihr Domizil bauen zu lassen. Für sie war der Barbarahof der unschlagbare Beweis dafür, dass das Bauen in der Landschaft zu durchaus reizvollen architektonischen Ergebnissen führt, wenn die Eigenheiten des Ortes bzw. der Landschaft derartig stark beachtet werden wie in diesem Beispiel. Die Stadt Düsseldorf hat das Wohnhaus mittlerweile als Baudenkmal ausgewiesen.

25

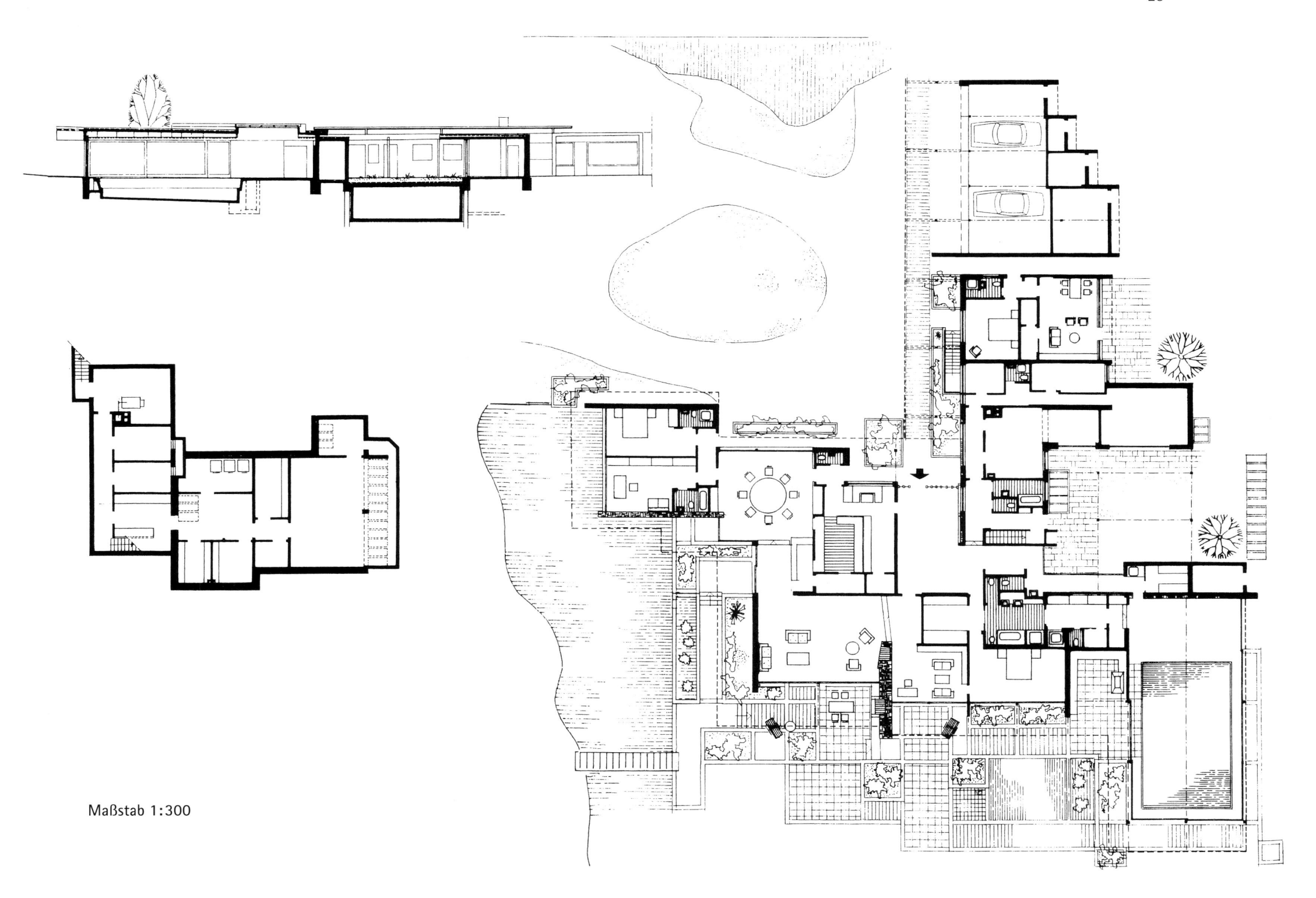

Maßstab 1:300

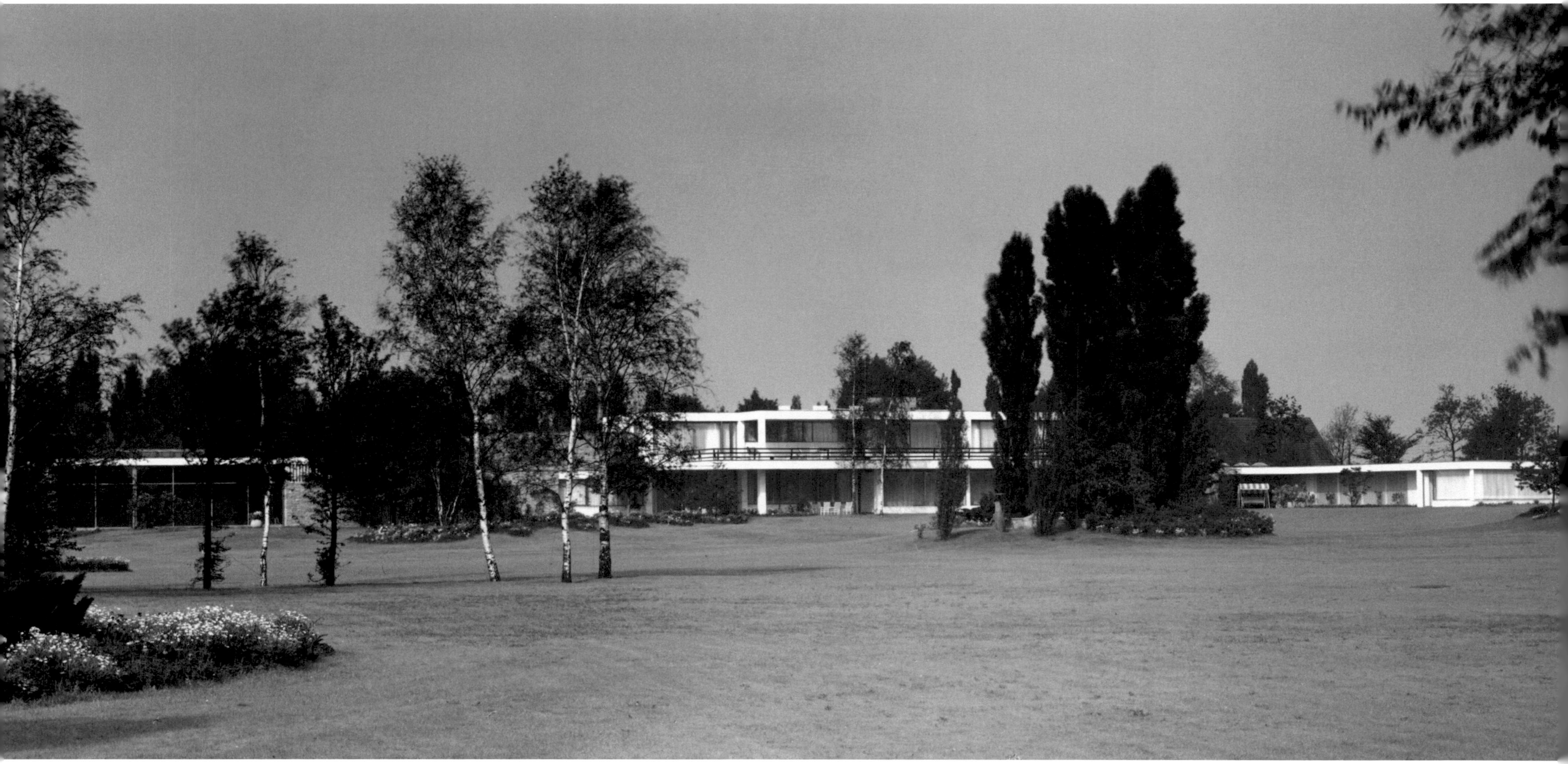

Haus Horten

Düsseldorf 1956–57

Auf einem etwa vier Hektar großen Areal am Rhein nördlich von Düsseldorf sollte für eine Unternehmerpersönlichkeit ein Wohnhaus errichtet werden. Im Gegensatz zu den anderen Häusern, die Walter Brune in jenen Jahren plante, war das Haus Horten eine großdimensionale, luxuriöse Residenz, bei deren Planung und Verwirklichung der Architekt seinen Ideen freien Lauf lassen konnte, ohne auf finanzielle Einschränkungen Rücksicht nehmen zu müssen. Der Auftrag entsprach einem Architektentraum. Die Schwierigkeit der Bauaufgabe bestand darin, dass das Gebäude gleichermaßen den gesellschaftlich-repräsentativen Ansprüchen des Bauherrn genügen wie dem Bild der niederrheinischen Landschaft mit dem westlich gelegenen Strom angemessen sein sollte. Trotz des mit der Bauaufgabe verbundenen umfangreichen Raumprogramms sollte das imposante Bauwerk als ein Privathaus für ein Ehepaar erkennbar bleiben, das sich in die landschaftliche Situation inmitten eines Parks einfügt und möglichst kleiner erscheinen sollte, als es in Wirklichkeit war. Da das große Baugrundstück zunächst eher einem Ackergelände glich, war hier ein Park komplett neu anzulegen. Einzelbäume und Baumgruppen, die teilweise in ausgewachsener Größe gepflanzt wurden, sollten sorgsam komponiert das landschaftliche Bild ergänzen. So entstand also gleichzeitig mit dem Bau des Hauses eine Parklandschaft, die diesen Namen wahrlich auch verdiente.

Das Landhaus war kein einzelnes Haus, sondern ein Gebäudekomplex, der aus drei Gebäuden bestand. Diese waren in Ost-West-Richtung angeordnet. Unmittelbar an der Grundstückszufahrt, parallel zu einer östlich gelegenen Straße, befand sich zunächst ein eingeschossiges Gebäude mit der Pförtnerloge und Garagen sowie den Unterkünften für das Personal des herrschaftlichen Hauses. Danach folgte, über ei-

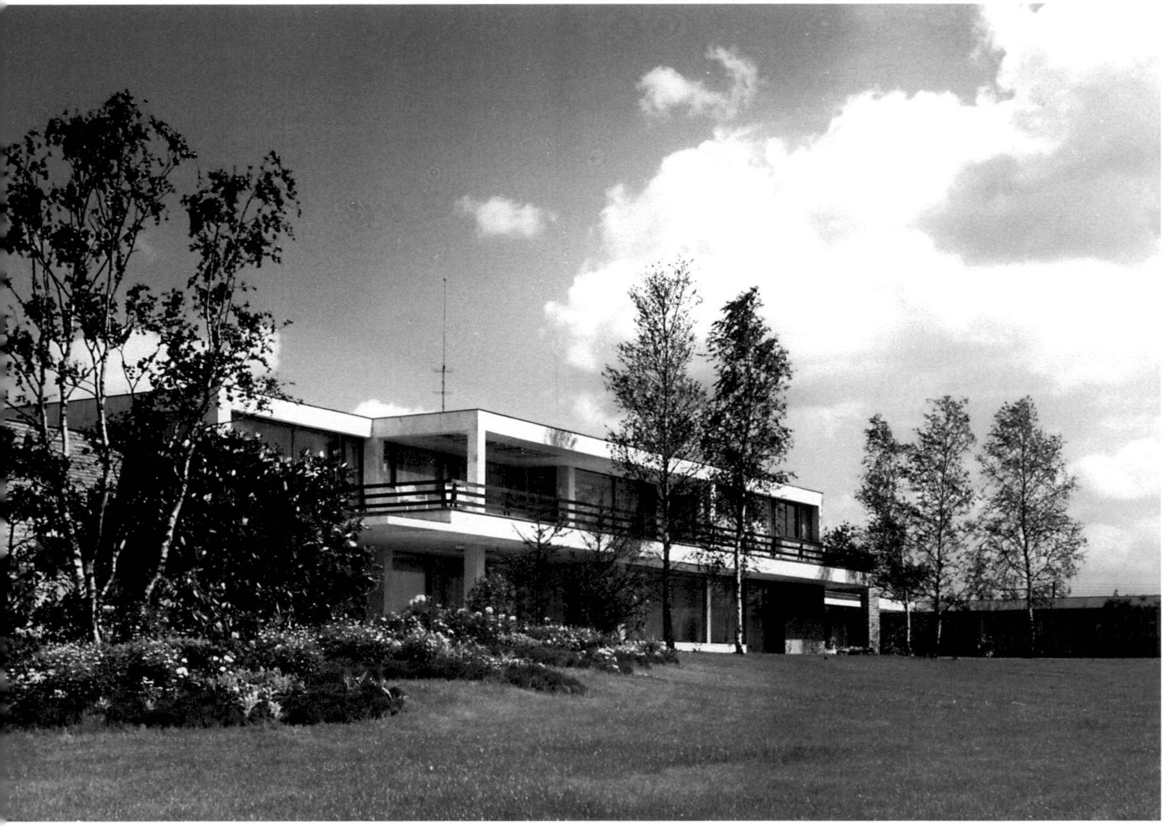

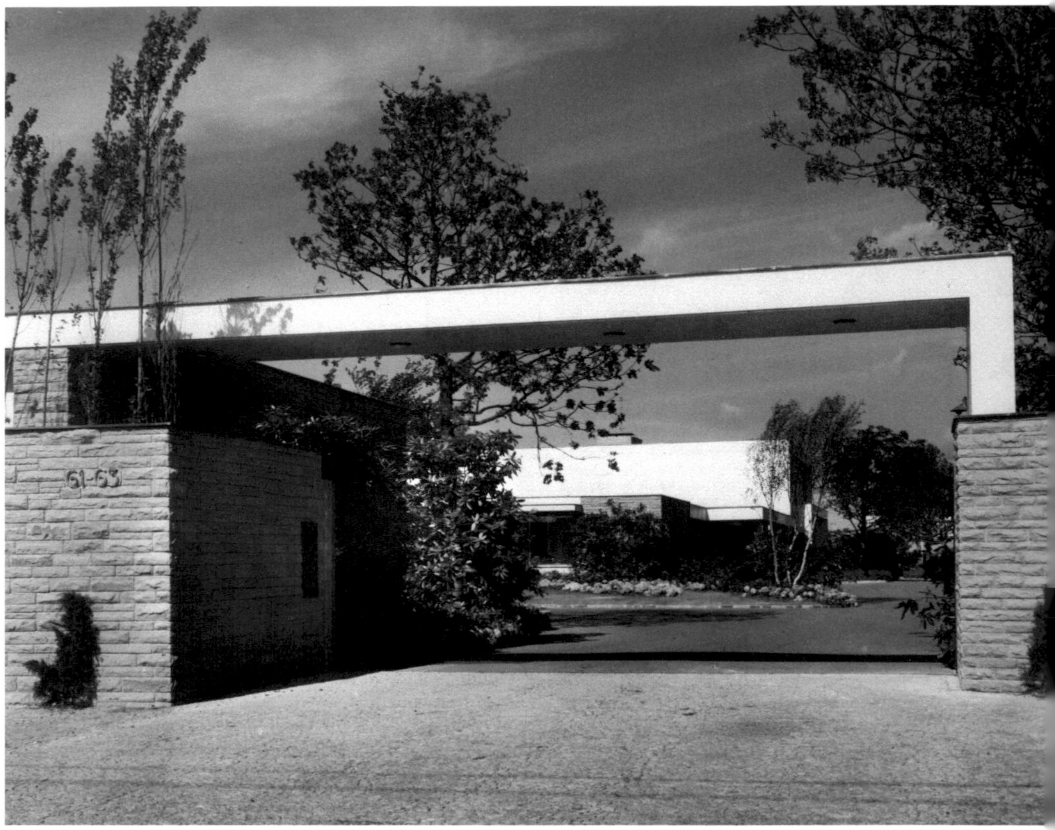
61-63

nen Zufahrtshof getrennt, das winkelförmige Wohnhaus, das zu großen Teilen im Bereich des längeren Schenkels des Winkels zweigeschossig angelegt war, auf der kürzeren Schenkelseite eingeschossig. An westlicher Seite des Wohnhauses schloss sich schließlich ein mit einem offenen, überdeckten Gang zum Haupthaus verbundenes eingeschossiges Schwimmbadgebäude an.

Im Mittelpunkt des Wohnhauses standen die gesellschaftlichen Räume. Um die zentrale Empfangshalle mit zwei Garderoben — ein einem großen Saal gleichenden Wohnraum — gruppierten sich ein Speisesaal, eine Bar, ein Herrenzimmer sowie ein Theater- und Filmvorführraum, dem wiederum ein großzügiges Foyer vorgeschaltet war, das auch als Tanzsaal diente. Eine überdachte Terrasse sowie eine Freiterrasse mit Außenkamin ergänzten diese Räume zum Garten hin.

Bis auf die Eingangshalle und den Vorführraum waren sämtliche Gesellschaftsräume nach Süden zum Park hin orientiert, während die zahlreichen Nebenräume (Garderoben, Küche und Wirtschaftsräume, Theatergarderoben) nach Norden ausgerichtet waren. Der Hauptzugang erfolgte ebenfalls von Norden von einem großzügigen Vorfahrtsbereich. Für den Theater- und Filmvorführraum gab es einen eigenen Eingang, ebenso wie für den Wirtschaftsteil des Hauses.

Oberhalb der Gesellschaftsräume befanden sich die Schlafräume des Hausherrn und seiner Frau mit ausgedehnten Ankleide- und Boudoirräumen sowie Bädern. Im östlich gelegenen Gebäudetrakt lagen im Erdgeschoss großzügig angelegte Gästeapartments.

Bei der überaus edlen Innenausstattung des Hauses hatte der Architekt nur geringe Gestaltungsmöglichkeiten. Er hatte den Bauherrn zu beraten und dessen luxuriöse Vorstellungen zu disziplinieren. Die gesamte Einrichtung wurde von den Vereinigten Werkstätten für Kunst im Handwerk AG München hergestellt. Weißer Marmor bestimmte den Fußboden, Holzverkleidungen der Innenwände und Türen wurden in Schleiflack gearbeitet, Einbaumöbel in Teakholz, der Fußboden des Tanzsaals und des Theaterfoyers aus Onyx. So gab es beispielsweise Tischplatten aus Schiefer mit eingefrästen Motiven, die mit Silber ausgegossen wurden, und Mahagoni-Anrichten, deren Schlösser in mit Rosenquarz eingelegten Messingrosetten lagen, oder einen Tresen, dessen Fußplatte aus Onyx von unten beleuchtet wurde.

Auch in technischer Hinsicht wies das Haus in seiner Zeit Superlative auf: Nicht nur die Bedienung aller Rollläden, Fensterwände und Heizungen erfolgte elektrisch,

30

auch das Schwimmbad ließ sich per Knopfdruck in ein Freibad verwandeln, da die Glaswand zum Garten und das Dach automatisch geöffnet werden konnten. Ein ausgeklügeltes Sicherheitssystem gab unerwünschten Besuchern keine Chance, in das Anwesen zu gelangen.

Die Architektursprache des Bauwerks war eine rationalistisch-moderne. Funktionale Aspekte bestimmten die Gestaltung. Die konstruktiven Elemente des Hauses wurden betont, ebenso die Kanten der Baukörper und die Linien der einzelnen Bauteile. Nur wenige Materialien bestimmten das Bild des Äußeren. Soweit es sich um geschlossene Wandflächen handelte, wurden diese, wie bei Brunes Häusern oft angewandt, aus braungrauen Bruchsteinen gemauert. Damit standen sie im Gegensatz zu den offenen, völlig verglasten Außenwänden und den mit weißem Kalkstein verkleideten Streifen der Geschossdecken und Stützen.

Obwohl sich der Hauptblick nach Süden und in den Park richten sollte, verlangte das landschaftlich reizvolle Bild des nah gelegenen Rheins, dass von den schönsten Plätzen des Hauses auch dieser Blick freigegeben wurde. Deshalb staffelte sich die Gartenfassade in Vor- und Rücksprüngen sowie weit ausladende Terrassen, während die nach Norden orientierte Eingangsseite wesentlich ruhiger gegliedert wurde. Hier lag der Hauptaspekt darin, den repräsentativen Aspekt zu verdeutlichen. Entsprechend wurde die Eingangsfront symmetrisch gegliedert und der Zugang durch die zweistöckige Gebäudehöhe akzentuiert. Auch die Ansichten aus den anderen Himmelsrichtungen lebten vom spannungsreichen Wechsel zwischen geschlossenen Wandflächen und großflächigen Verglasungen sowie von der baukörperlichen Höhenstaffelung der niedrigen Nebengebäude im Vergleich zum Wohnhaus. Auf diese Weise gelang es Walter Brune, die für ein Privatgebäude gewaltige Baumasse in die Landschaft einzufügen, ohne diese zu dominieren oder dabei monumental zu wirken. Das Haus Horten besticht durch eine konsequente, klassisch zu nennende Gradlinigkeit, die an das Vorbild der Bauhaus-Architektur angelehnt ist.

Der Hausherr verkaufte 1968 seinen Kaufhauskonzern und verließ Deutschland, um seinen Wohnsitz in die Schweiz zu verlegen. Das Haus fand aufgrund seiner immensen Größe keine Nachfolgebewohner und wurde nach jahrelangem Leerstand von der Stadt Düsseldorf gekauft, um auf dem schönen Parkgrundstück nach Abriss der Villa ein Wohngebiet mit zahlreichen Einfamilienhäusern zu bauen.

32

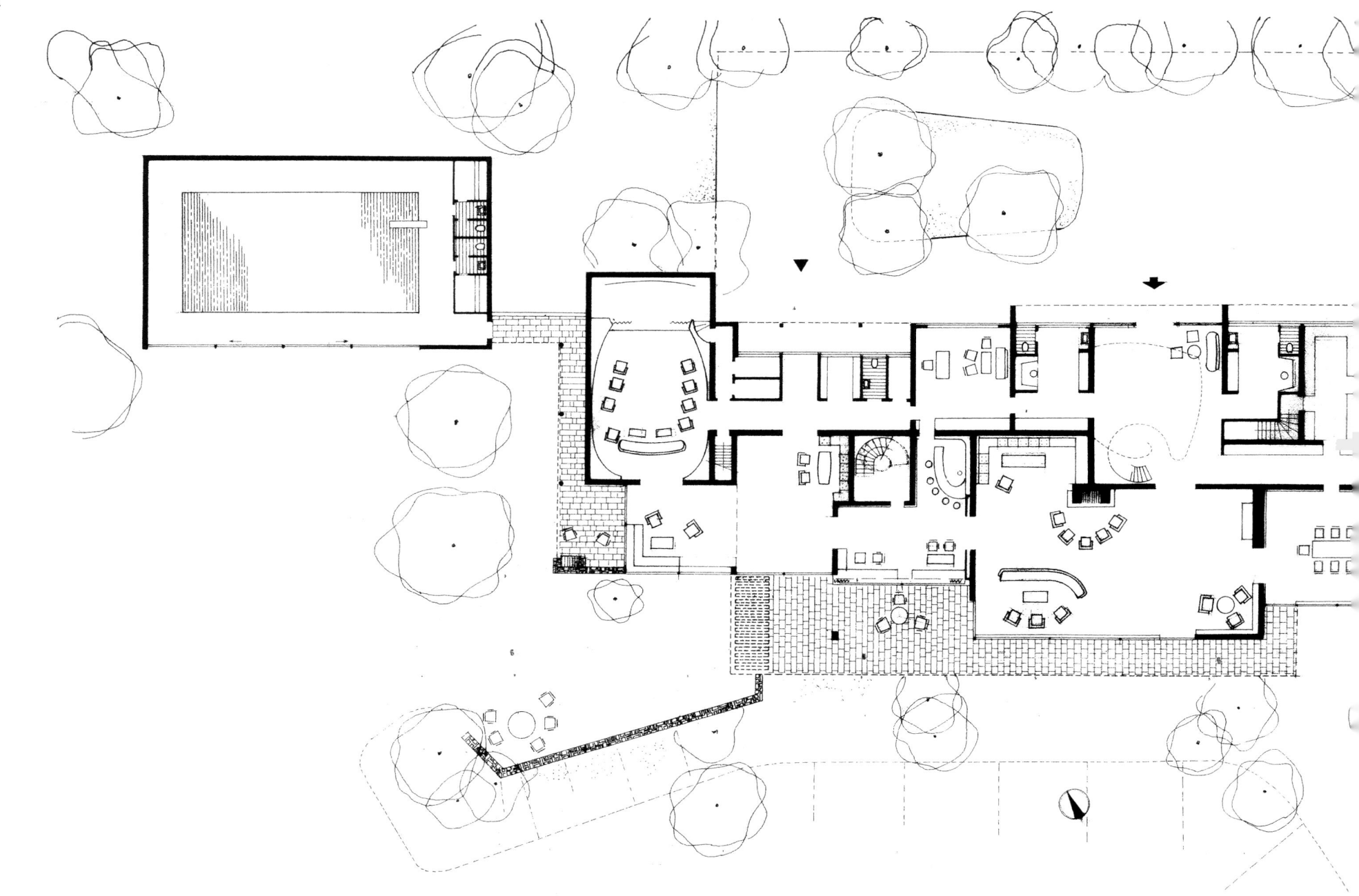

Maßstab 1:300

33

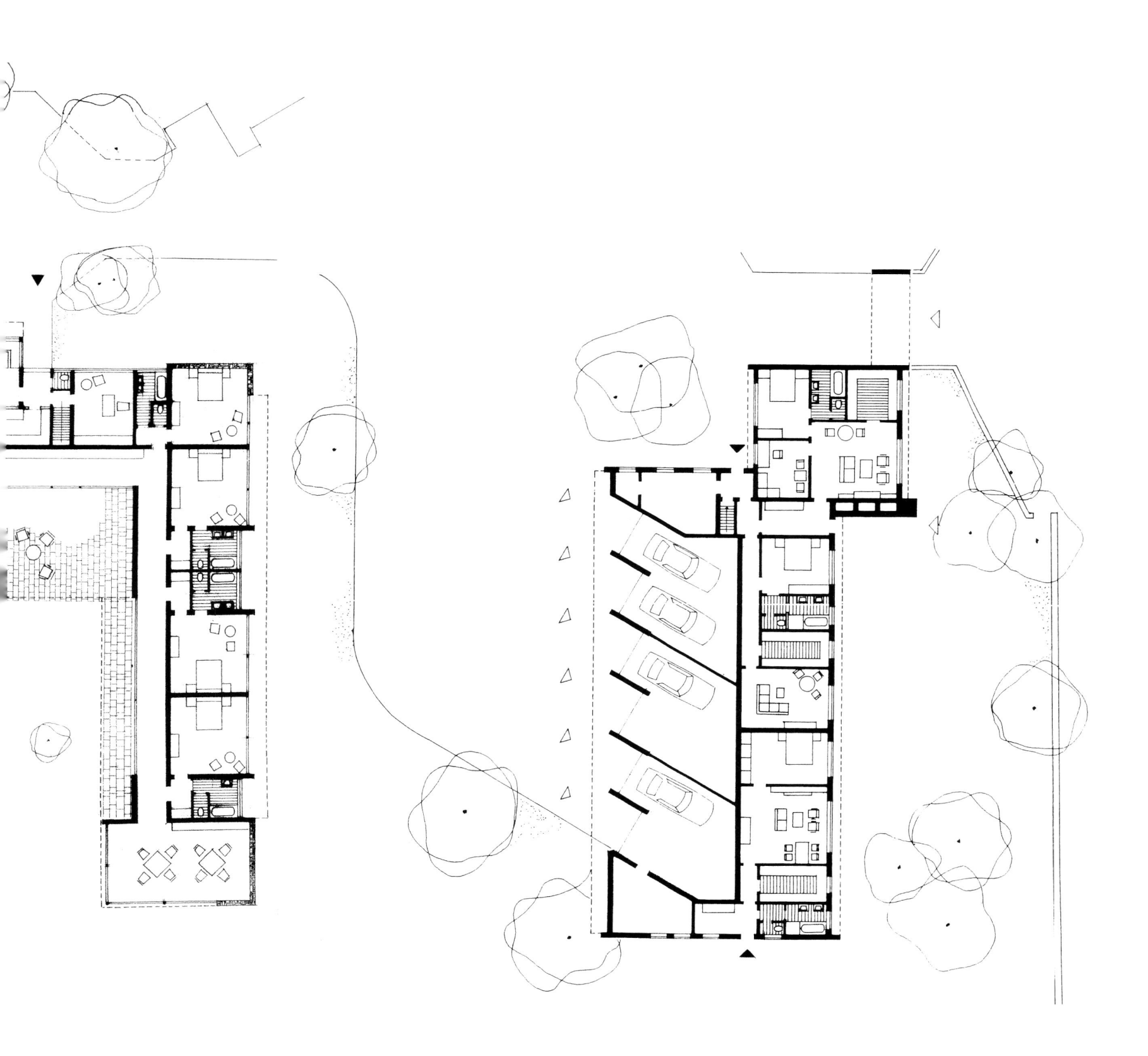

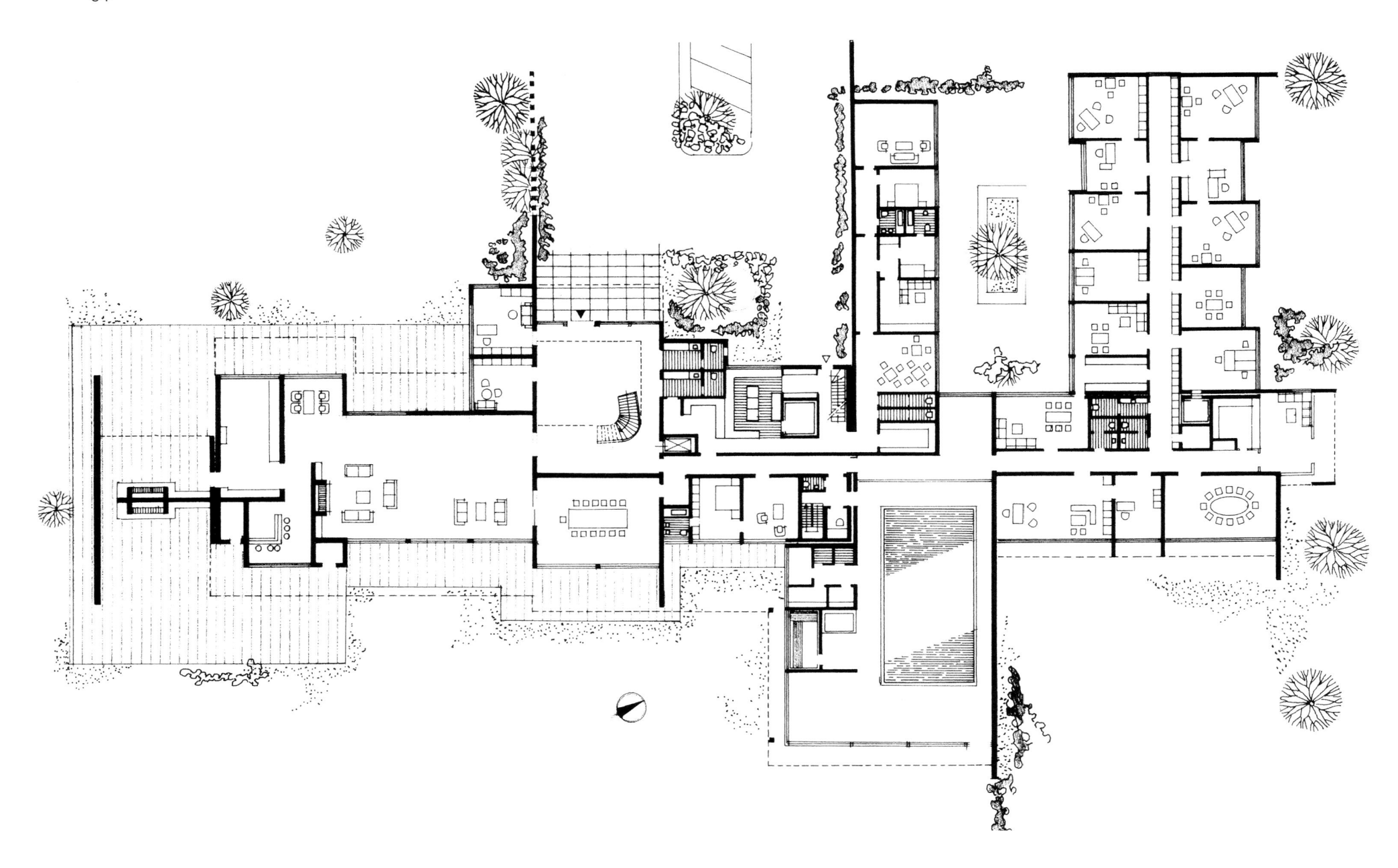

Maßstab 1:300

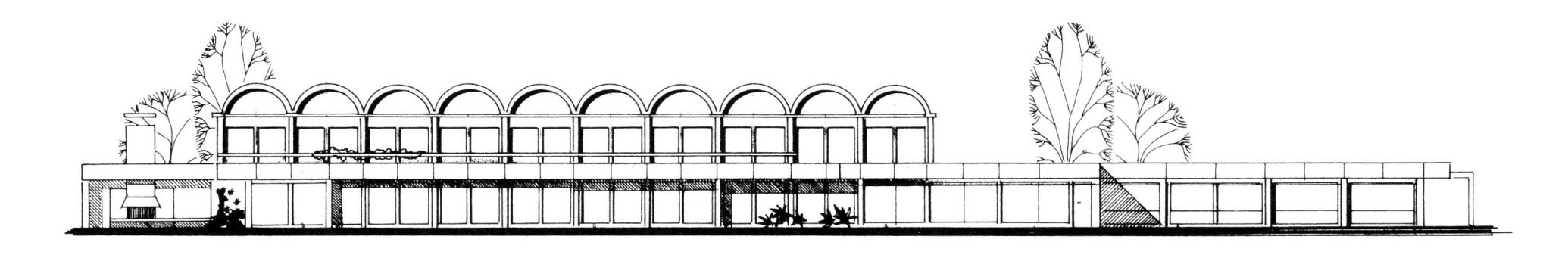

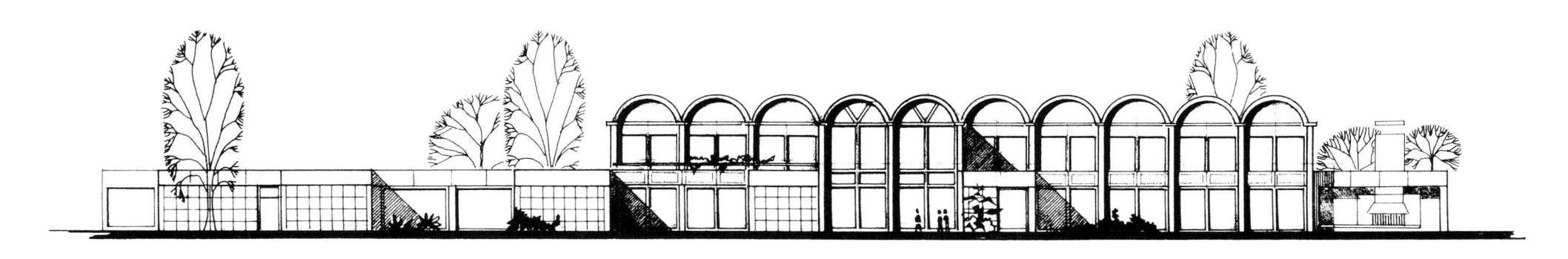

Maßstab 1:300

Residenz „La Crique" (Projekt)

Gland, Schweiz 1980–81

Dieser Entwurf einer Residenz an der Nordseite des Genfer Sees für den gleichen Bauherren blieb Projekt. Die für einen Einfamilien-Bungalow enorme Größe und Großzügigkeit war wie schon bei der Düsseldorfer Villa expliziter Wunsch des Auftraggebers. Wie schon 25 Jahre zuvor sollte auch die Planung dieses Projekts dadurch maßgeblich bestimmt werden. Die Grundrissorganisation weist deshalb große Parallelen zur Horten-Villa in Düsseldorf auf. Insbesondere der Wohn- und Essbereich sind nahezu gleich angeordnet. Im Unterschied zum ersten Projekt fehlt allerdings der große Theater- und Filmvorführraum. Das Schwimmbad ist an die Stelle des Gästeflügels näher dem Wohnhaus zugeordnet. Der Gästeflügel seinerseits ist nach Norden herausgezogen. Zusätzlich sollte bei diesem Projekt die Verwaltung der gleichnamigen Stiftung des Bauherren angegliedert werden. Aus persönlichen Gründen konnte das bereits genehmigte und bis ins Detail ausgearbeitete Projekt nicht realisiert werden.

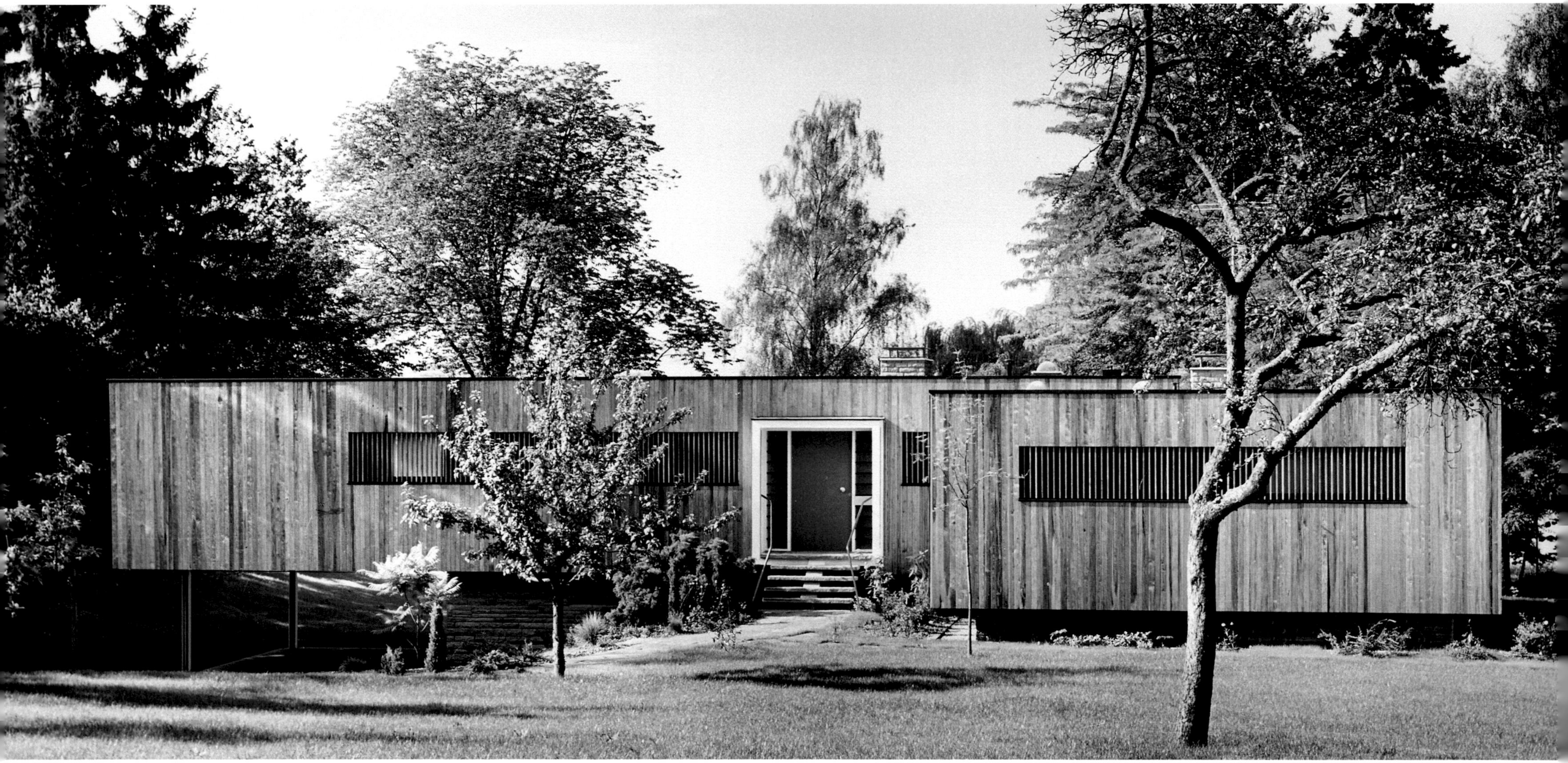

Haus Hoseit

Konstanz 1957–58

Für die Familie einer hochgestellten Persönlichkeit aus der Wirtschaft plante Walter Brune ein Ferienhaus in der Nähe von Kostanz. Das Haus liegt in einem Park mit alten Baumbeständen, der bis an den Bodensee reicht. Die Vorgabe für den Entwurf bestand darin, dass das Haus den Baumbestand zu respektieren hatte, sich harmonisch in die natürliche Umgebung des sanft geschwungenen Geländes einzufügen hatte und den Ausblick auf den in etwa 70 Metern Entfernung gelegenen See ermöglichen sollte.

Die Familie des Bauherrn zählte fünf erwachsene Kinder mit eigenen Familien. Das Haus sollte sowohl als Feriendomizil diesen drei Generationen dienen als auch später als dauerhafter Wohnsitz des Bauherrn und seiner Frau.

Das Haus besteht aus kubischen Gebäudeteilen: einem rechteckigen, langgestreckten Baukörper, der den Eingang, Diele, Schlafräume, Bäder, Küche und den Essraum beinhaltet, und einem an dessen Nordwestecke sich anschließenden, etwas niedrigeren Baukörper mit nahezu quadratischem Grundriss (Einliegerwohnung). Durch diese baukörperliche Anordnung wird der Hauszugang räumlich eingefasst. Auf der südlichen Hausseite schließlich tritt der Wohnraum in Form eines eigenen Gebäudeteils besonders in Erscheinung, indem er dem Hauptbaukörper vorgestellt ist. Eine Pergola, die eine Sonnenterrasse rahmt, ergänzt diese baukörperliche Staffelung zum See hin. Die großflächigen Fenster des Wohnraums bieten einen herrlichen Blick auf den südlich gelegenen Bodensee und nutzen damit die Chance der einmaligen topografischen Lage des Hauses.

Trotz der sehr kompakten Bauweise wurde auf eine offene, dem Terrain angepasste Raumfolge zwischen Speiseraum, Wohnraum und Terrasse Wert gelegt, die sanft

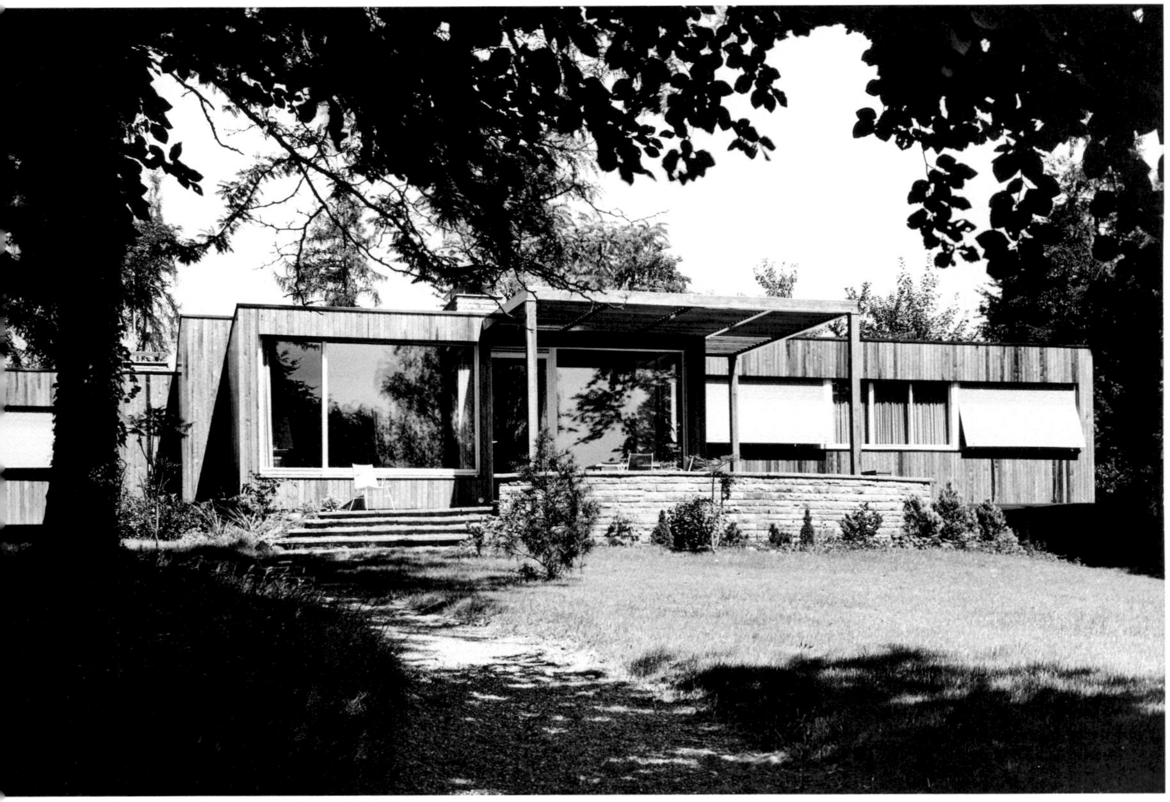

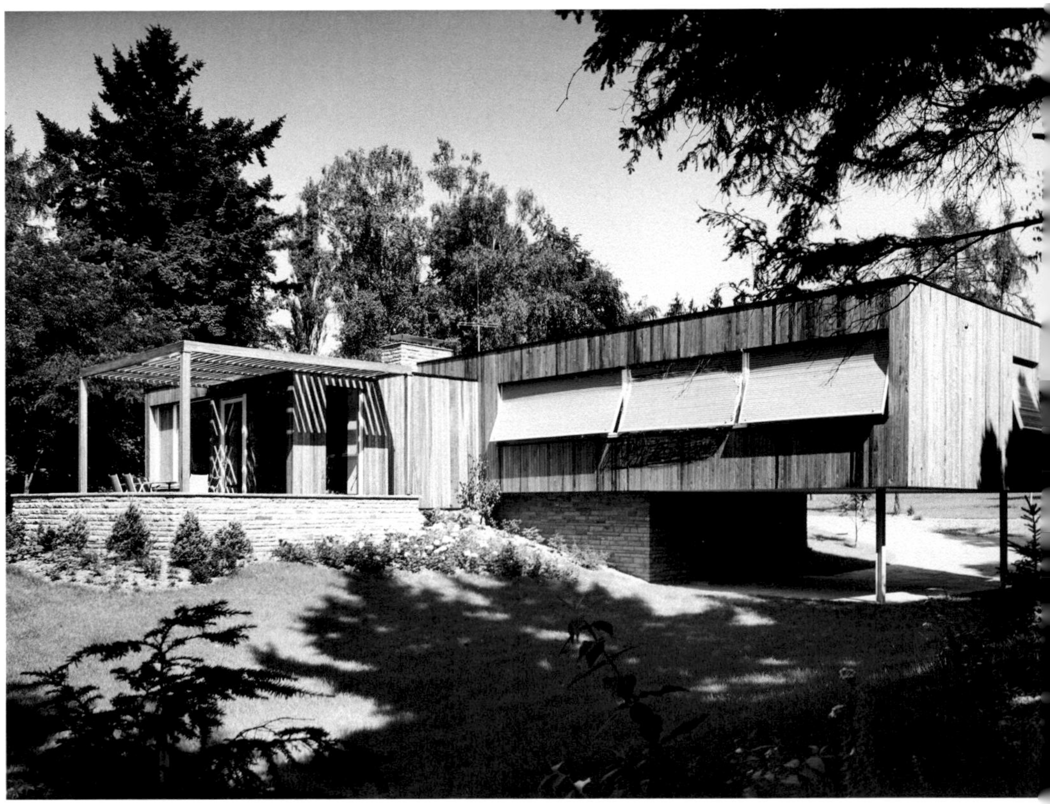

vom Haus in den Garten überleitet. Der für Brunes Bungalows obligate Kamin befindet sich am Niveausprung zwischen Wohn- und Speiseraum. Neben dem Wohnraum bieten auch die Schlafräume des Hauses reizvolle Ausblicke auf den Bodensee.

Der besonderen Situation des Ortes trug der Architekt in starkem Maße Rechnung: Um den parkartigen Charakter des Grundstücks zu respektieren, wurde der Bau geradezu unauffällig in Form eines einfachen, niedrigen Kubus errichtet, und um die bewegte Oberfläche des Geländes so wenig wie möglich zu tangieren, wurde ein Teil des Hauses auf Stützen gestellt. Diese Aufständerung bot Raum für zwei überdachte Abstellmöglichkeiten für Pkws unter dem Haus. Hierdurch konnte auf ein Garagengebäude verzichtet werden. Sowohl die freie Aufständerung des Hauses auf Stahlstützen als auch ein in Bruchsteinen gemauertes Fundament in Form eines hinter die Fassadenebene zurückspringenden Sockels verleihen dem Baukörper große Leichtigkeit. Die Verkleidung der gesamten Fassade mit Redwood-Holz korrespondiert mit dem vorhandenen mächtigen Baumbestand. Der Baustoff Holz dominiert nicht nur das äußere Erscheinungsbild. Dieses Material prägt auch das Gebäudeinnere in unterschiedlichen Facetten: als Parkettfußboden, als Holzverschalung der Decke aus geöltem Redwood-Holz und als Oberflächen der Einbauschränke.

Der Kontrast zwischen der Nordfassade mit dem Hauszugang und der Südfassade ist sehr ausgeprägt. Die Eingangsseite wirkt zurückhaltend und geradezu verschlossen. Vor den Fenstern befinden sich Holzlamellen, die die Flächigkeit der Holzverschalung betonen. Lediglich der Hauseingang wird gestalterisch hervorgehoben. Als weiß gestrichener Rahmen tritt er deutlich aus der Fassade hervor. Die Südseite des Hauses dagegen ist mithilfe von großflächigen Verglasungen in Form verglaster Wandfelder bzw. Fensterbänder sehr transparent gehalten.

Bei aller Schlichtheit der Form folgte Walter Brune beim Haus Hoseit keinesfalls der rationalen Richtung der internationalen Architektur, sondern mehr der Architekturauffassung seines Freundes Marcel Breuer (Chamberlain Cottage, Wayland, Mass. USA). Bei diesem Entwurf trug er den regionalen Gegebenheiten in ähnlicher Weise Rechnung, wie es knapp drei Jahrzehnte später jenseits des Bodensees in der neuen Vorarlberger Architektur zum Ausdruck kommen sollten.

40

41

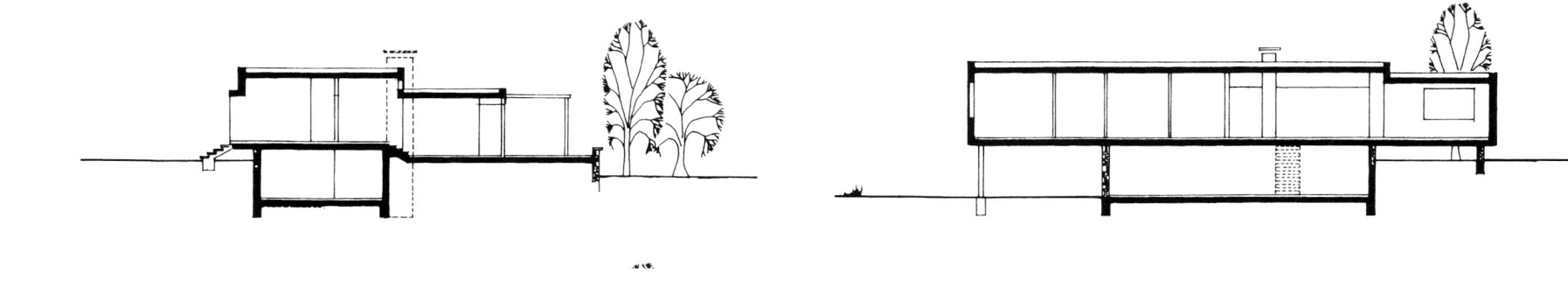

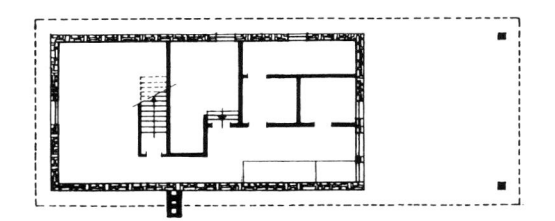

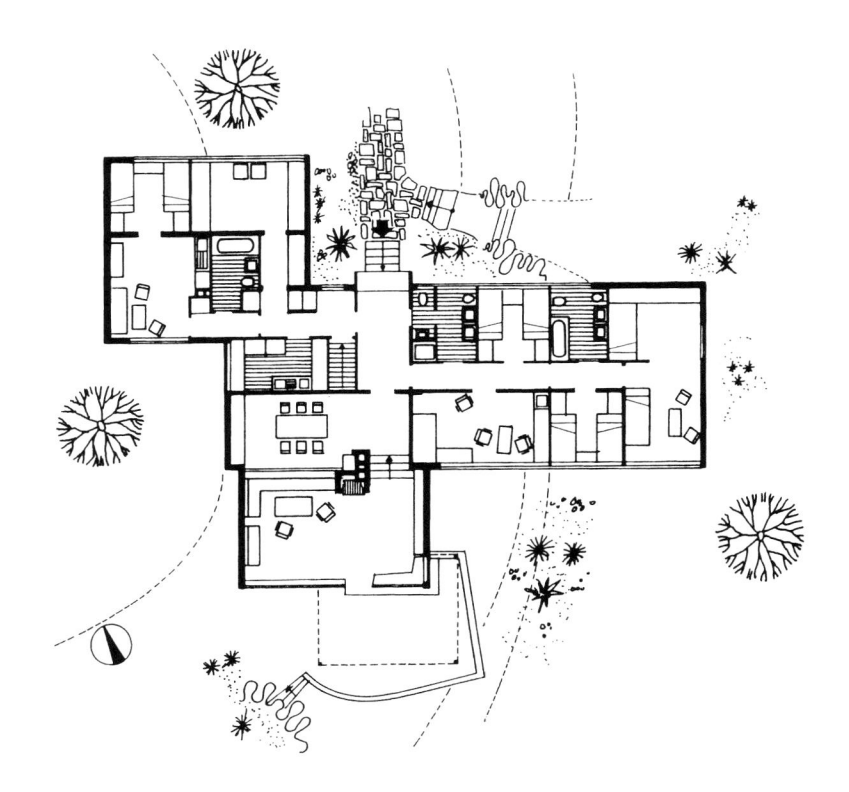

Maßstab 1:300

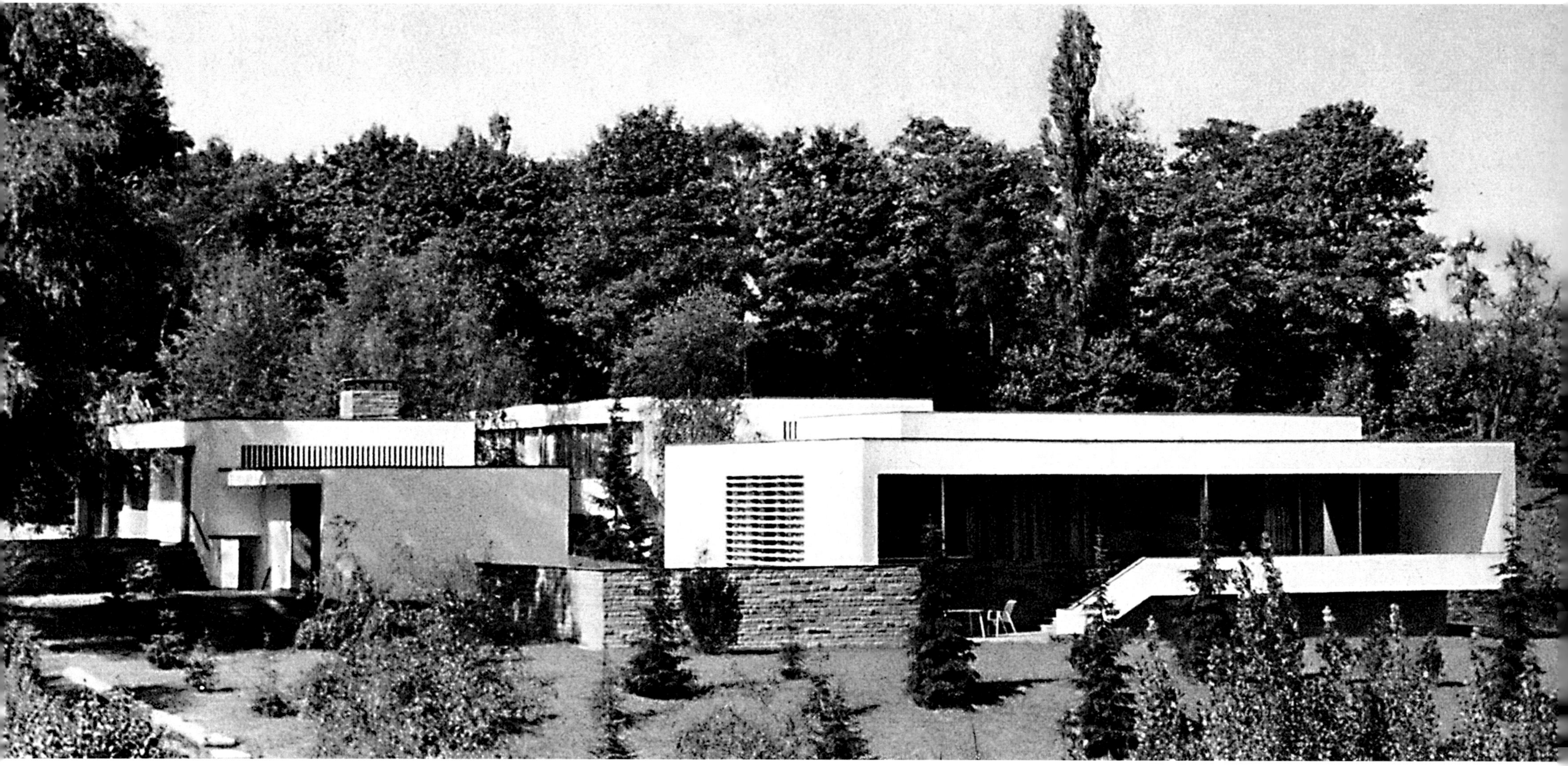

Haus Kauermann

Düsseldorf 1957–59

Dieses Wohnhaus für einen Industriellen liegt am Rande Düsseldorfs, auf einem welligen, im Norden und Süden von hohen Bäumen gesäumten Hanggrundstück. Nach Süden und Osten bestimmten zur Entstehungszeit des Hauses Getreidefelder, nach Westen und Norden Laubbäume das landschaftliche Umfeld. Einzelne Baumgruppen, die sich auf dem weiten Grundstück befanden, wurden dort belassen.

Das Bauprogramm setzte sich aus drei Bereichen zusammen: einem Wohn- und einem Bürobereich sowie einer größeren Garage mit Nebenräumen. Die entwerferische Idee des Architekten sah vor, das Raumprogramm auf drei einzelne Baukörper aufzuteilen und die Gebäudegruppe spannungsreich auf dem Grundstück zu platzieren. Hieraus entstand eine Komposition kubischer Baukörper, deren horizontale Ausrichtung und betont weißer Anstrich einen starken Kontrast zur Kulisse der umstehenden Baumgruppen bildete. Auf der nördlichen, zur Straße gelegenen Seite des Grundstücks wurde ein Apartment- und Bürogebäude errichtet, am südlichen Ende das eigentliche Wohnhaus. Der eigenständige Garagenbaukörper, in dem auch die Haustechnik, Neben- und Geräteräume untergebracht wurden, wurde mithilfe eines streng rechtwinklig eingefassten Hofs optisch mit dem Wohnhaus verbunden.

Das Wohnhaus ist seinerseits in einen Wohntrakt und einen hierzu leicht erhöhten Schlaftrakt unterteilt. Der Treppenaufgang zu diesem Gebäudeteil liegt unmittelbar neben der großen Eingangsdiele, von der aus man ebenfalls in den Wohnbereich, in die Küche und in einen Arbeitsraum gelangt. Eine große Terrasse an der Südseite und ein großer Hof an der Westseite des Hauses erweitern den Wohn- bzw. Arbeitsbereich räumlich. Raumhohe Verglasungen sowie nach außen weitergeführte Bodenbeläge heben hier die räumliche Begrenzung zwischen Innen und Außen auf.

44

Die spezifische Komposition der Materialien betont die Großzügigkeit der Innenräume. Überall trifft der Blick auf die ungebrochenen und klar begrenzten Flächen der Steinfußböden, Natursteinwände und geputzten oder vertäfelten Wände. So entsteht ein ruhiger Gesamteindruck: Das Konstruktive tritt in dieser Architektur deutlich hinter das Räumliche zurück.

Äußerlich wurde das Körperliche der Architektur betont, weshalb dieses Projekt sich deutlich von anderen Bungalowbauten Walter Brunes abhebt. Interessant ist dabei zu beobachten, wie der Architekt hier unter gänzlich anderen architektonischen Vorzeichen die Einbindung seiner Bauten in das landschaftliche Umfeld umsetzte. Mithilfe der Aufgliederung des recht umfangreichen Bauprogramms auf einzelne Baukörper konnten die Baumassen der topografischen Situation angemessen in lockerer Gruppierung untergebracht werden. Eine zusätzliche Leichtigkeit erzielte Walter Brune dadurch, dass er den Baukörpern einen schwebenden Charakter verlieh, indem er die weiß getünchten Bauten aus Stahlbeton oberhalb eines Sockelgeschosses, das mit Natursteinmauerwerk verkleidet war, weit auskragen ließ. Durch eine zusätzliche Höhenstaffelung der Baukörper wurde der Charakter der Leichtigkeit der Häuser noch mehr unterstützt. Diese Maßnahme verbesserte zugleich die Aussicht auf die hügelige Landschaft der Umgebung.

Im Gegensatz zu anderen Bungalowbauten Walter Brunes sind bei diesem Projekt die Fassaden nicht in Form frei stehender Wandscheiben oder als Glaswände aufgelöst. Um die Körperlichkeit der Gebäude zu betonen, sind die Fenster wie Löcher in die kubistischen Gebäudeformen eingeschnitten. Die horizontale Ausrichtung der Fenster verstärkt den Eindruck eines ruhigen Schwebens der Baukörper. Teilweise bestehen die Fenster auch aus Reihen von Fensterschlitzen, die mal vertikal, dann wieder horizontal angeordnet sind, aber immer als Reihung von schlitzartigen Öffnungen ein liegendes Format ergeben. Durch diese Art der Überdeckung der Fensterflächen konnte eine Lochfassade vermieden und dadurch durchgehende Körperflächen erzeugt werden. An den Stellen, wo eine größere Transparenz und eine engere Verbindung mit dem Außenraum gesucht wird, so wie im Bereich der Terrasse des Wohnhauses, wirkt der Baukörper regelrecht ausgehöhlt, während seine klare Gesamtkontur erhalten bleibt.

Auch wenn das architektonische Konzept der Komposition unterschiedlicher kubischer Baukörper erfolgreich beim Haus Kauermann erprobt wurde, sollte Walter Brune dieses gestalterische Leitbild bei keinem seiner anderen Landhäuser weiterverfolgen, da es seinem Anspruch der Verbindung von Architektur und Natur nicht in der Weise wie bei seinen anderen Wohnhäusern gerecht wurde.

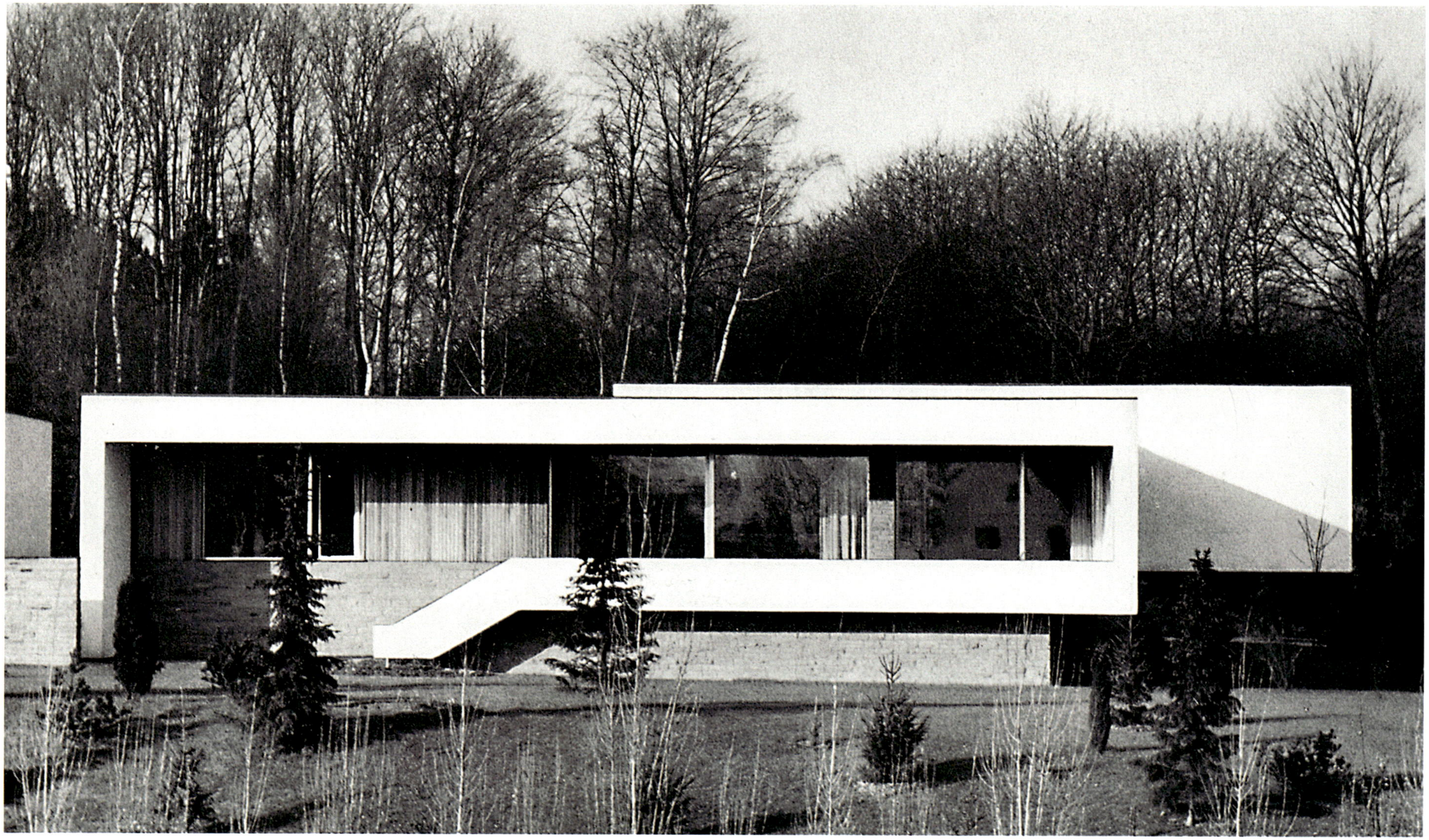

47

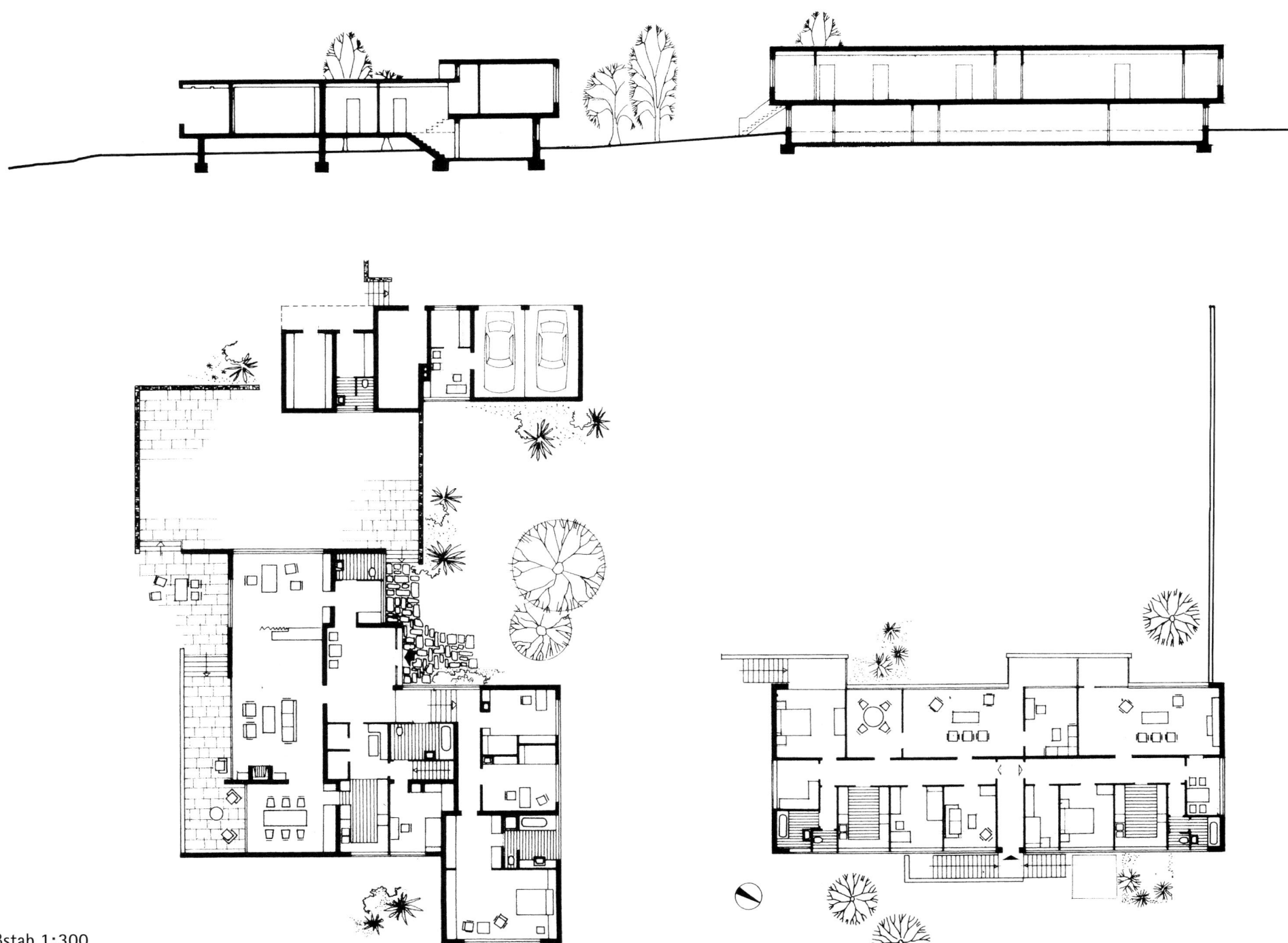

Maßstab 1:300

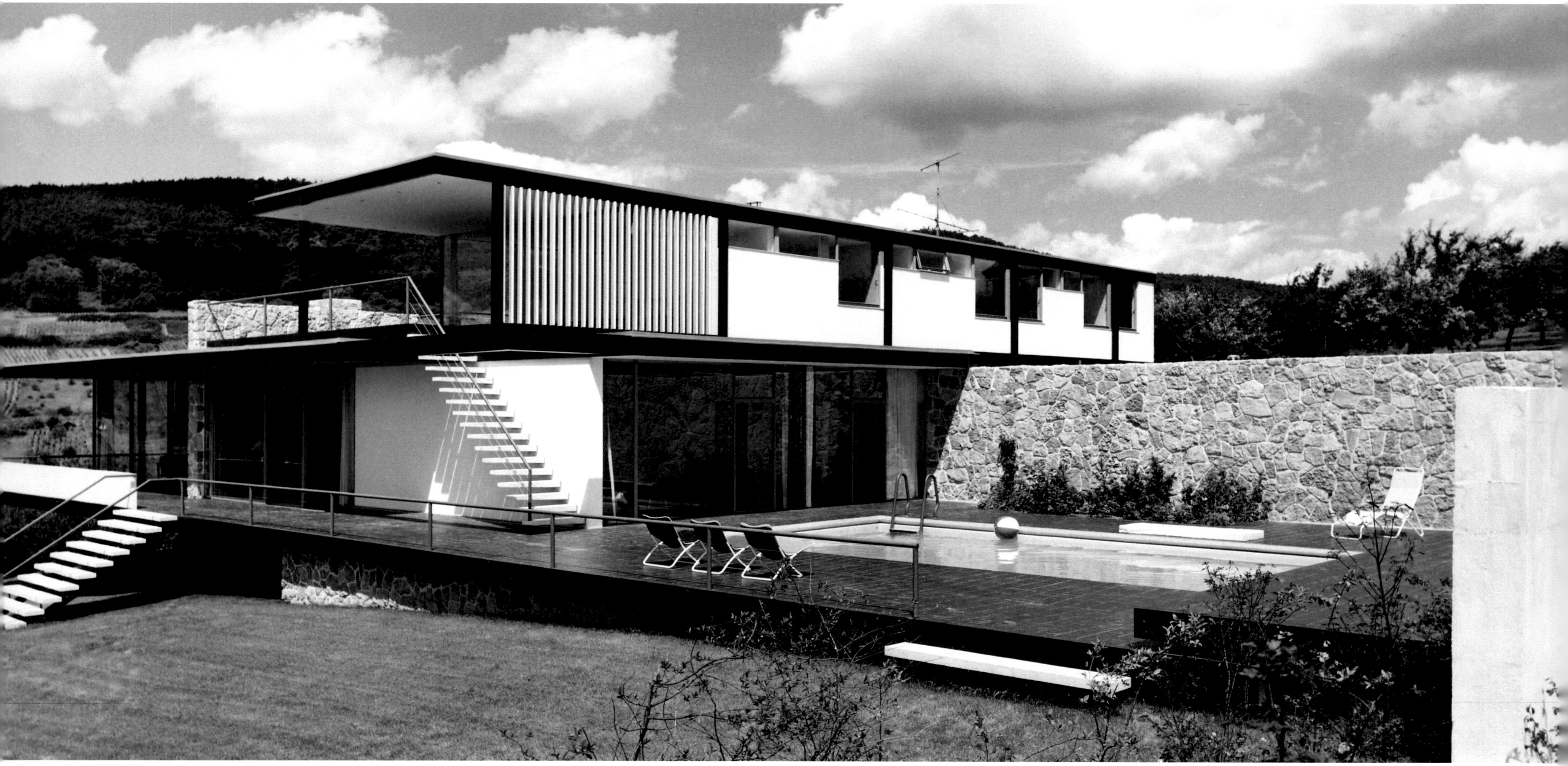

Haus im Weinberg

Elsass/Frankreich 1958–59

Das etwa 3000 Quadratmeter große Grundstück liegt im Elsass. Hier wollte die Familie eines Industriellen ihr neues Domizil errichten. Das Haus wurde in der Mitte großer Weinberge so gebaut, dass man von allen Räumen aus Ausblicke auf die umgebende Landschaft und eine im Südosten im Tal liegende mittelalterliche französische Stadt hat.

Um der besonderen Situation der Hanglage gerecht zu werden, wählte der Architekt eine Stahlskelettkonstruktion, um an einem stark abfallenden Südhang ein flächiges, nur zwei Geschosse umfassendes Gebäude errichten zu können.

Das Haus sollte einer Familie mit drei Kindern dienen. Außerdem war beim Entwurf zu berücksichtigen, dass häufig Gäste empfangen wurden. Aus diesem Bauprogramm entwickelte Walter Brune folgende Grundrissstruktur: Zwei Gebäudetrakte überlagern sich T-förmig. Die Zimmer für die Kinder, die Gäste und eine Hausgehilfin wurden in einem in Ost-West-Richtung ausgerichteten Obergeschoss untergebracht, der Wohn- und Essbereich sowie Wirtschaftsräume und Elternschlafbereich in dem in Nord-Süd-Richtung orientierten Erdgeschoss. Sollten die Kinder später das Haus verlassen, bestand die Möglichkeit, das Obergeschoss abzuschließen bzw. es nur bei besonderen Gelegenheiten zu nutzen.

Der Hauseingang befindet sich unter dem weit nach Norden vorgeschobenen Schlaftrakt, ebenso eine Doppelgarage, von der man direkt in eine große Diele gelangt. Von hier aus gibt es direkte Zugangsmöglichkeiten in alle Bereiche des Hauses. Wohnzimmer, Studio, Speiseraum und Küche sind räumlich fließend miteinander verbunden. Ein Kamin und eine Natursteinwand setzen Blickpunkte innerhalb der offenen, auf die Weite der umgebenden Weinberge ausgerichteten Wohnlandschaft. Vom

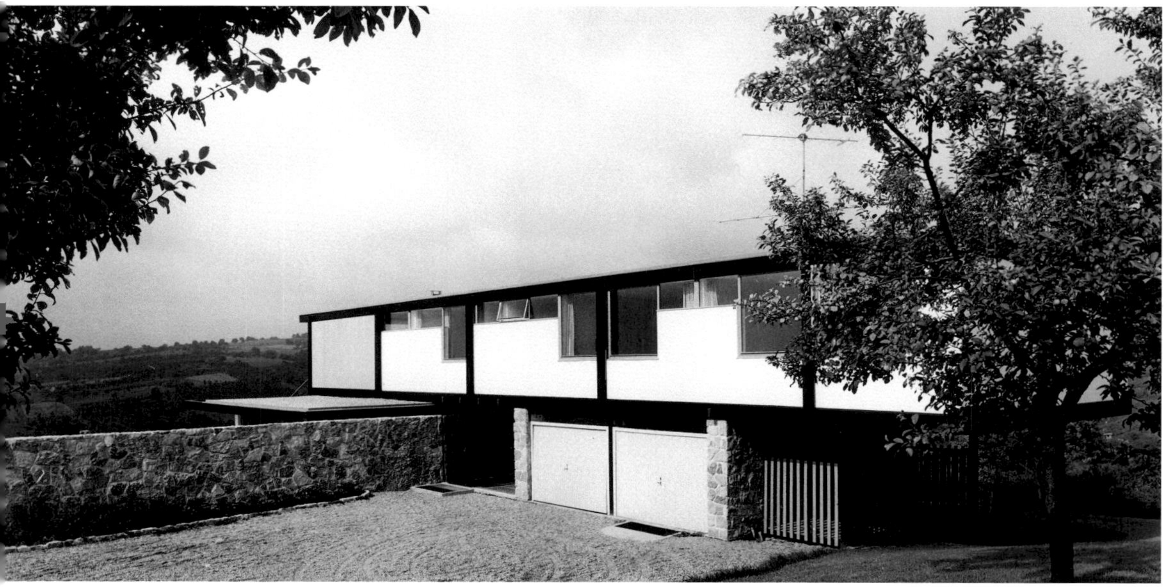

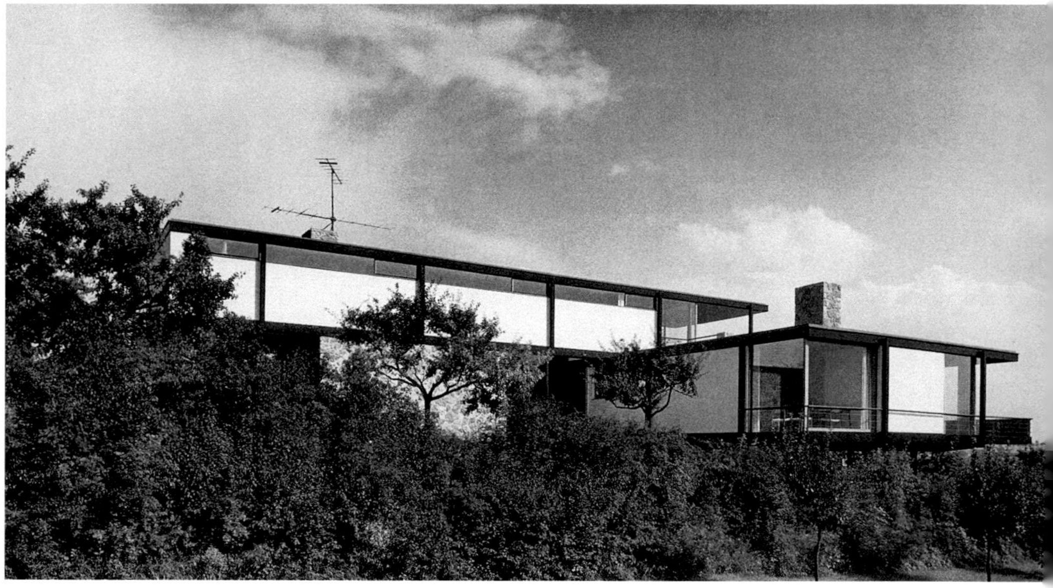

Wohnzimmer und vom Studio ebenso wie vom Elternschlafzimmer gelangt man stufenlos mithilfe großer Glasschiebetüren auf eine imposante Terrasse, in die unter anderem ein großes Außenschwimmbecken und ein Pflanzbeet eingelassen sind. Aus dem Obergeschoss führt von einer Aussichtsterrasse vor dem Aufenthaltsraum eine in die südliche Außenwand eingespannte Treppe zum Schwimmbecken hinab. Das Schwimmbad selbst ist zum Schutz vor Wind und Einblicken von der Straße und vom Eingang her dreiseitig umschlossen: vom Wohnhaus, einer hohen, aus Bruchsteinen gefertigten Wand und einer niedrigeren Betonwand. Nach Süden öffnet sich dieser Raum zur Landschaft hin.

Die topografische Situation wurde geschickt für die architektonische Inszenierung des Hauses ausgenutzt. Einzelne Bauteile kragen z.T. sehr weit über das Gelände aus, was den Kontrast zwischen der umgebenden Natur mit ihren sanft geschwungenen Hügeln und der streng orthogonal ausgerichteten Architektur verstärkt. Durch die Errichtung eines flächigen Bungalows mithilfe eines Stahlskeletts auf einem stark abfallenden Terrain entstanden spannungsreiche Raumsituationen, die bei einem Gang durch das Haus immer wieder für faszinierende Ausblicke sorgen. Die unterschiedlichen Größen der Räume, ihre Offenheit oder teilweise Geschlossenheit sowie ihre räumliche Zuordnung zueinander machen den architektonischen Reiz dieses Hauses aus.

Das äußere Erscheinungsbild wird durch den Rhythmus der dunklen Stahlstützen und den dazwischenliegenden weißen Wandfeldern als Ausfachungen des Stahlskeletts bestimmt. Gläserne Wände und Wandzonen aus weiß gestrichenen Gasbetonplatten wechseln einander ab. Wie auch in anderen Häusern Walter Brunes dienen die Bruchsteinwände gleichermaßen der Aussteifung des Gebäudes und der Schaffung einer behaglichen Atmosphäre. Ihre Rustikalität setzt einen spannungsreichen Kontrast zur rationalen Architektursprache, insbesondere zu den großen transparenten Glaswänden. Ein unter der Terrasse zurückspringendes, ebenfalls massiv aus Bruchsteinmauerwerk errichtetes Sockelgeschoss verankert das Gebäude im Sinne der klassischen Architektur als *Rustika* mit dem Erdboden.

Ihren besonderen abstrakt-künstlerischen Reiz entfaltet die rationale Architektur insbesondere im Licht- und Schattenspiel, wie es beispielsweise im Schattenwurf der eingespannten Treppenstufen der Außentreppe zu erkennen ist.

Es ist sicherlich kein Zufall, dass man in diesem Haus Anklänge an die Architektur Mies van der Rohes erkennen kann. Zur Zeit der Errichtung dieser Villa bereiste Walter Brune mit anderen Architektenkollegen die Vereinigten Staaten, wo sie sich nicht nur Bauten des ehemaligen Bauhaus-Direktors ansahen, sondern auch dessen Büro besuchten. Der Wille zur klaren Formensprache und einer stark im Material reduzierten Architektur findet so in diesem Bungalow ihren Niederschlag und bringt die Architektur über dem Weinberg geradezu zum Schweben. Die Adaption Mies'scher Architektur wird in diesem Haus durch spannungsreiche Raumfolgen und kontrastreiche Materialien ergänzt und dadurch bereichert.

Die Veröffentlichung dieses Gebäudes in der amerikanischen Architekturzeitschrift *Architectural Record* fand große Beachtung hinsichtlich der Wiedergeburt der avantgardistischen Architekturentwicklung nach dem Kriege in Europa. Sie machte den Architekten in den USA bekannt.

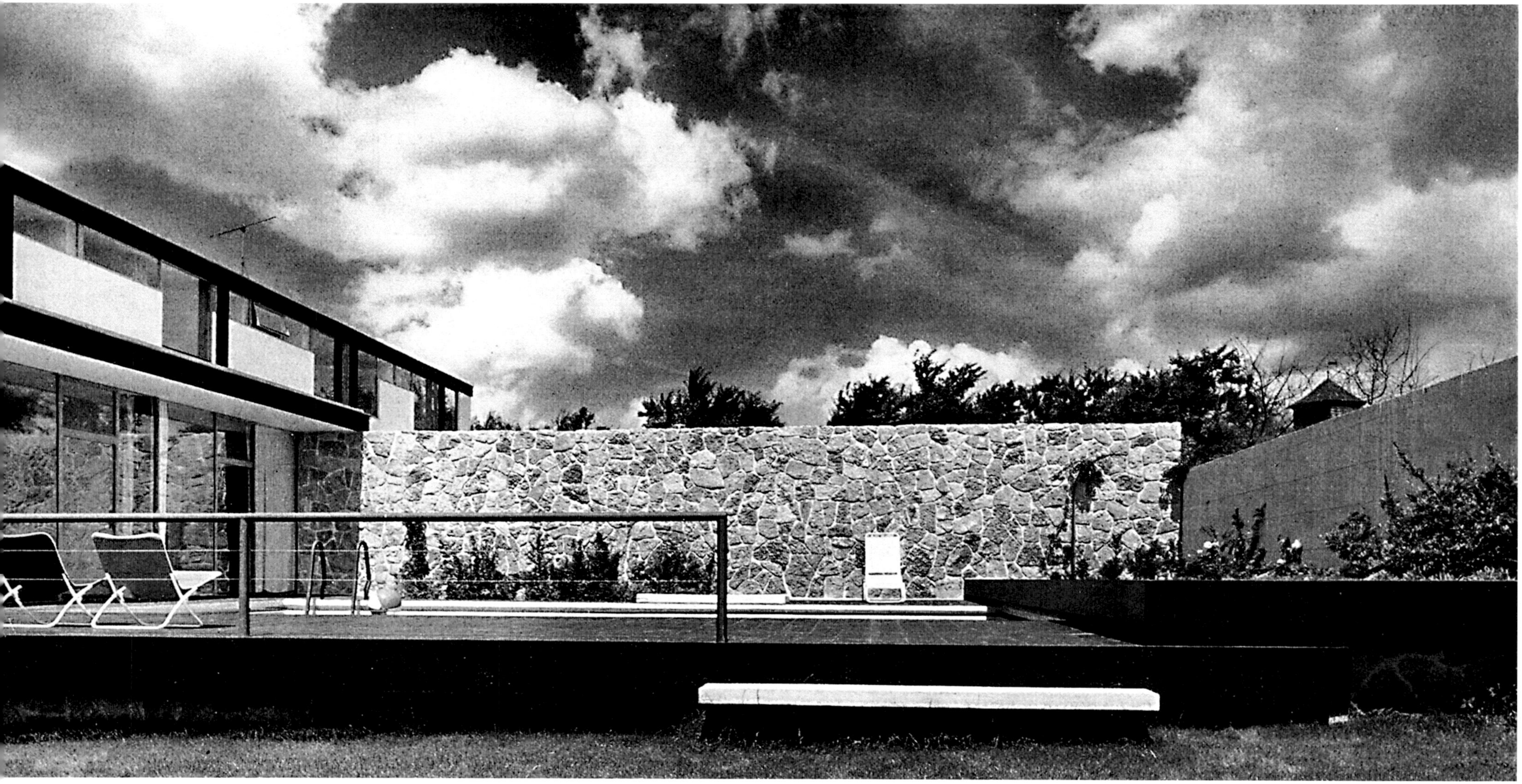

53

54

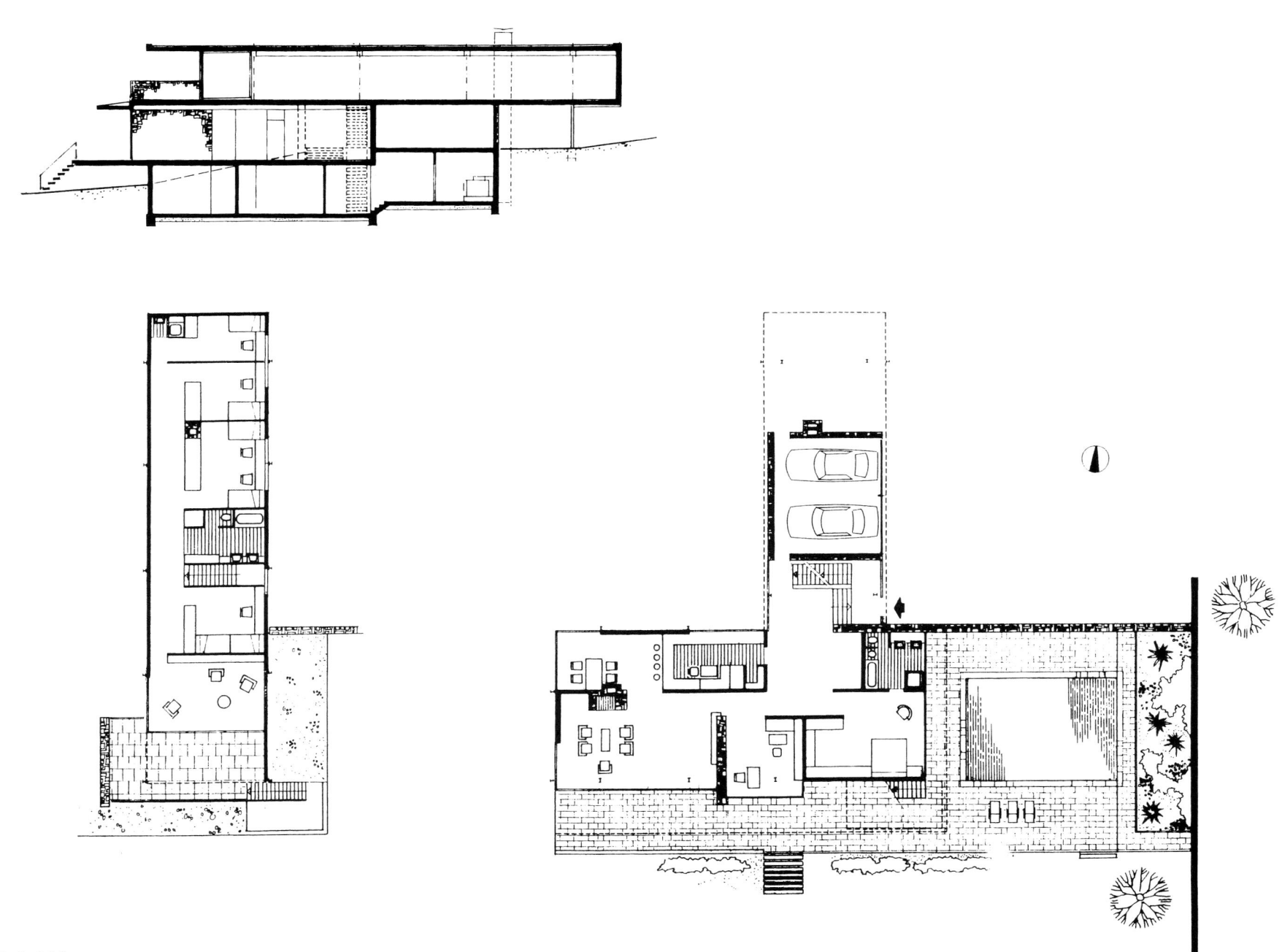

Maßstab 1:300

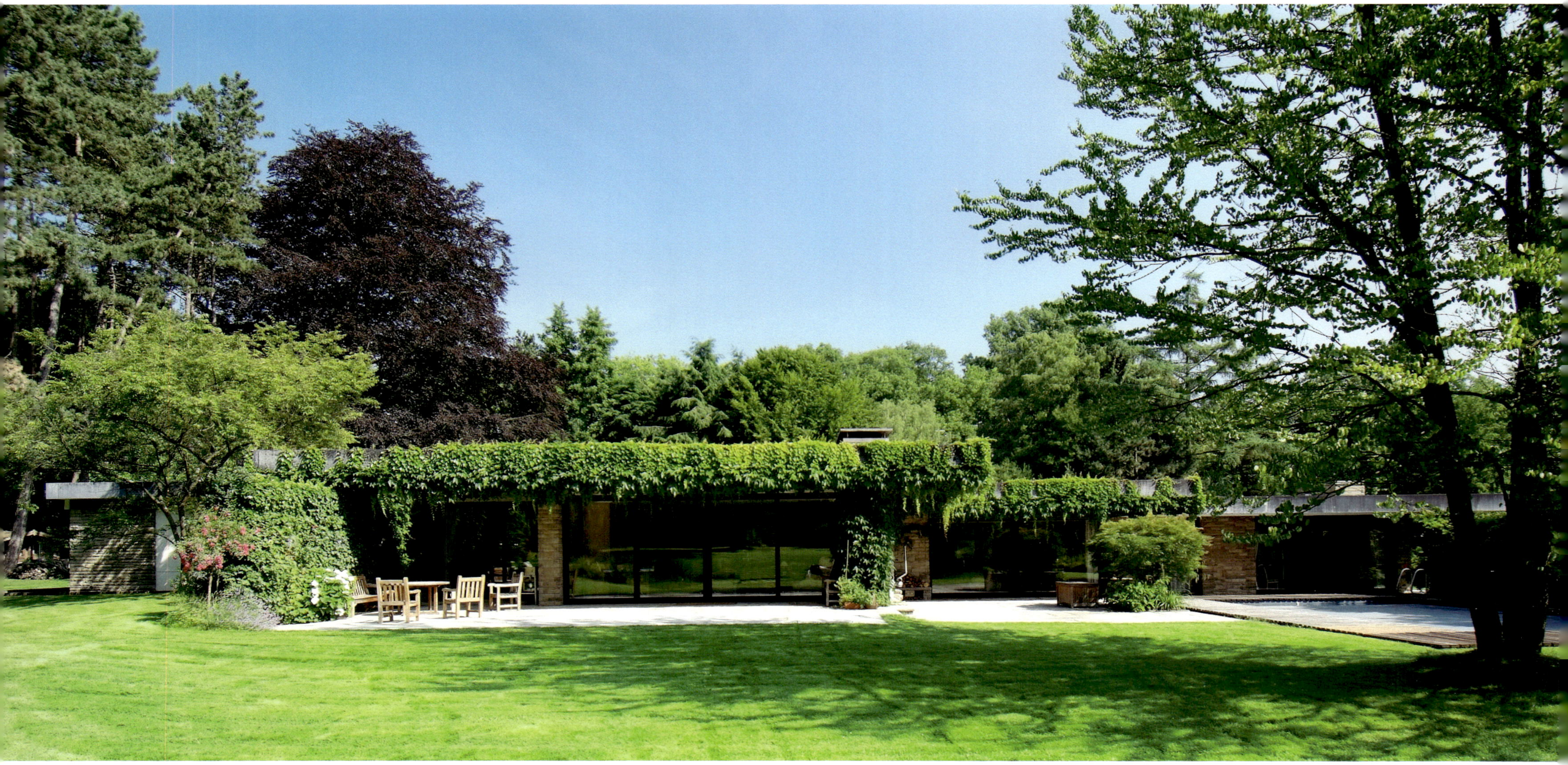

Haus Schwietzke

Düsseldorf 1958–59, Ausbau 1964–65

Das Haus liegt inmitten eines Parks, der von einem großen Waldgebiet am Düsseldorfer Stadtrand umschlossen ist. Das Landschaftsbild ist durch hohe Baumgruppen und durch weitläufige, sanft zum Wald ansteigende Wiesen gekennzeichnet. Es ist als Landschaftsschutzgebiet ausgewiesen.

Der mit einem allseits weit auskragenden Flachdach versehene Bungalow ist winkelförmig, mit unterschiedlich lang ausgebildeten Bautrakten angelegt. Die Gliederung des Baukörpers entspricht der funktionalen Aufteilung: Es gibt einen Wohn-, einen Schlaf- und einen Wirtschaftsteil sowie eine Garage mit einer überdeckten Durchfahrt. Entsprechend dem leichten Gefälle des Baugeländes passen sich der Wohn- und der Schlaftrakt sowie die Garage der Topografie des Ortes an. Das flache Dach verläuft nicht in Form einer einzigen durchgängigen Platte über dem Haus. Es ist entsprechend dem natürlichen Geländeverlauf in der Höhe gestaffelt.

Der Zugang erfolgt im Schnittpunkt der drei Raumgruppen auf der Innenseite des Winkels von Norden. Sämtliche Wirtschaftsräume orientieren sich zum Eingangshof nach Norden bzw. Westen. Nach Süden ausgerichtet ist der großzügig angelegte Wohnbereich des Hauses. Die Schlafräume liegen nach Osten. In einem späteren Ausbau wurde das Haus an der südwestlichen Ecke baulich ergänzt (Elternschlafbereich und Damenzimmer). Eine große Terrasse mit einem Schwimmbad im Freien schließt sich in diesem Bereich nach Süden an.

Fünf in unterschiedlichen Längen in den Garten reichende Wandscheiben fungieren als Sicht- und Windschutz auf der Süd- und Ostseite des Hauses. Sie prägen die Struktur des Grundrisses. Einerseits gliedern sie die verschiedenen häuslichen Bereiche untereinander, andererseits verzahnen sie das Gebäude mit dem Außenraum.

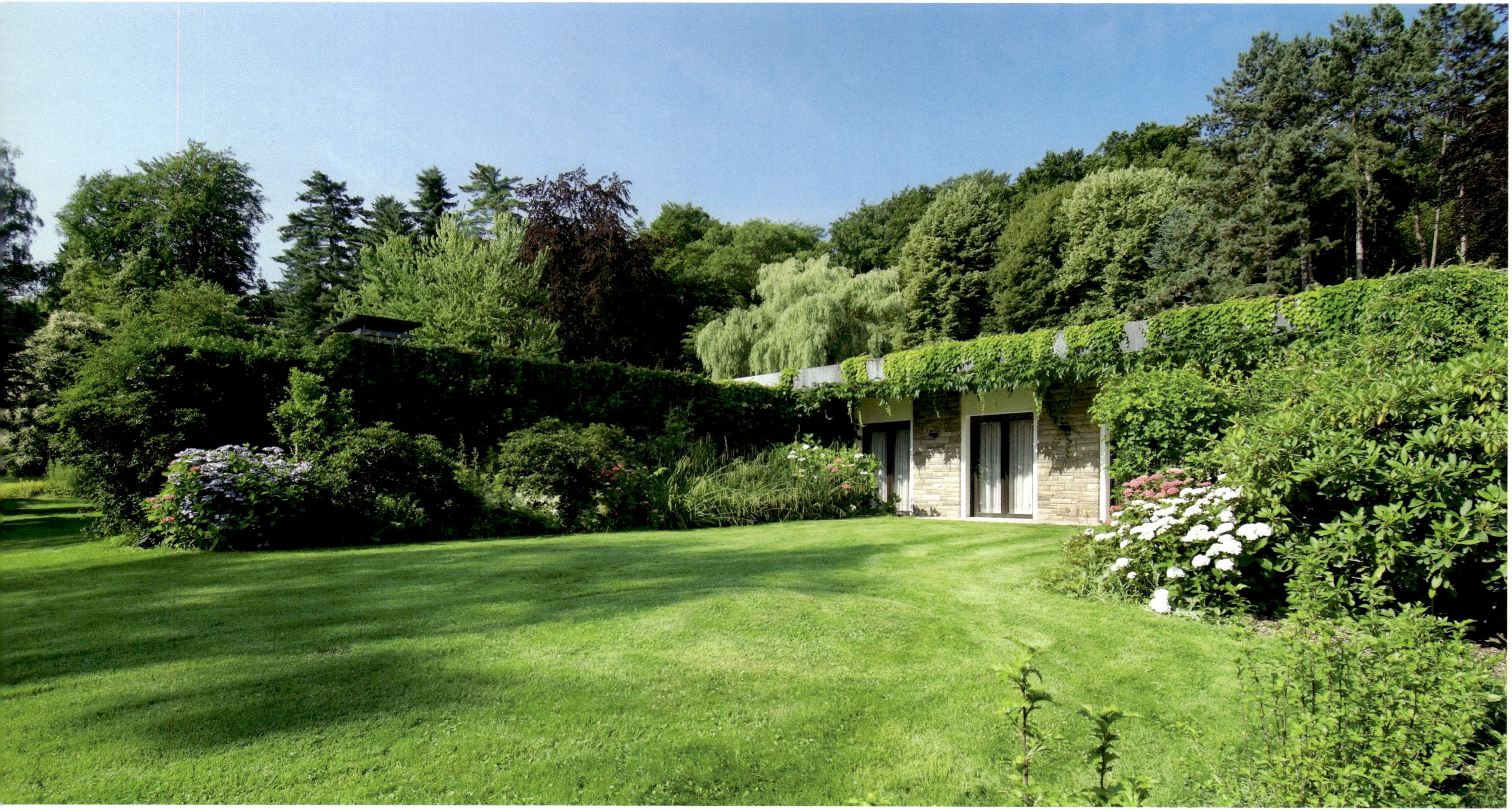

Gleichzeitig werden hierdurch Terrassen- bzw. Außenbereiche für ganz unterschiedliche Bedürfnisse geschaffen (Sonnenterrasse, Kaminsitzecke, Badebereich).

Der Wohnraum, die Terrasse und der Garten gehen stufenlos ineinander über. Da Heizkörper das Gesamtbild beeinträchtigt hätten, wurde eine Fußboden- und Deckenstrahlungsheizung eingebaut. Der Eindruck der Weite, der dem gesamten Wohnbereich eigen ist, wird nochmals durch ein abgesenkt liegendes Studio hinter einem innen wie außen gleichermaßen nutzbaren Kamin gesteigert. Die Wohnlandschaft korrespondiert so in starker Weise mit der äußeren Parklandschaft.

Walter Brune ging es – wie bei seinen anderen privaten Wohnhäusern – um eine innige Verbindung von Natur und Architektur. Um der reizvollen Umgebung der Parklandschaft in den Wohnräumen Rechnung zu tragen, war die Südseite des Hauses ursprünglich nahezu komplett verglast und zwar rahmenlos. Innerhalb dieser entmaterialisierten Glaswände traten die Rahmen der Türen besonders in Erscheinung. Sie wirkten wie Portale, die in die gläserne Hülle eingestellt waren und die Zugänge zum Haus akzentuierten (heute verändert).

Die intendierte Verschmelzung von Innen- und Außenraum spiegelt sich auch in zahlreichen Details, insbesondere aber im spezifischen Einsatz der Materialien wider. So durchstoßen beispielsweise die Ziegelwände aus roten Klinkern (Handstrichziegel) die gläserne Gebäudehülle und treten im Inneren wie im Äußeren gleichermaßen sichtbar in Erscheinung. Nicht nur die Materialien der Terrassenwände, auch die des Terrassenfußbodens sind im Inneren des Wohnraumes im gleichen Verband wie im Außenraum verlegt.

Die disziplinierte Beschränkung in der Auswahl der Materialien für den Außenbau des Hauses wurde konsequenterweise auf den Innenausbau übertragen, z. B. beim durchlaufenden Marmorfußboden vom Essraum in den Wohnraum, bei den einheitlichen Hölzern der Einbaumöbel oder beim zurückhaltenden Anstrich der Wände. Eine semitransparente Fertigbetonwand mit Wabenstruktur bildete den räumlichen Rahmen für das Außenschwimmbecken. Die Öffnungen dienten den Ausblicken in die schöne landschaftliche Umgebung. Den einzigen vertikalen Akzent des weitläufigen und stark horizontal ausgerichteten Hauses setzt der Kamin. Zusammen mit seiner dominanten und freien Positionierung im Grundriss wird er zum eigentlichen Schwerpunkt des Hauses, quasi zum *geheiligten Ort*, der den Mittelpunkt des familiären Lebens darstellt.

Nachdem die vier Söhne des Bauherrn herangewachsen waren und das Haus verließen, wurde es für das Ehepaar zu groß, sodass ein neuer Eigentümer es übernahm. Um den Raumansprüchen des Neubesitzers gerecht zu werden, wurden alle Räume in südlicher Richtung dem Garten entgegen kurzerhand um circa drei Meter vergrößert. Als Gartenliebhaber ließ der neue Hauseigentümer große Teile des Hauses mit wildem Wein überranken. Diese neue Form der Symbiose zwischen Wohnhaus und Natur hat der Architektur des Hauses nicht geschadet.

Gartenansicht mit dem in der Höhe gestaffelten Flachdach und der weit in den Garten vorspringenden Wand zum Schutz des Schwimmbeckens
(ursprüngliche Ansicht)

Gartenansicht nach Umbau

Maßstab 1:300

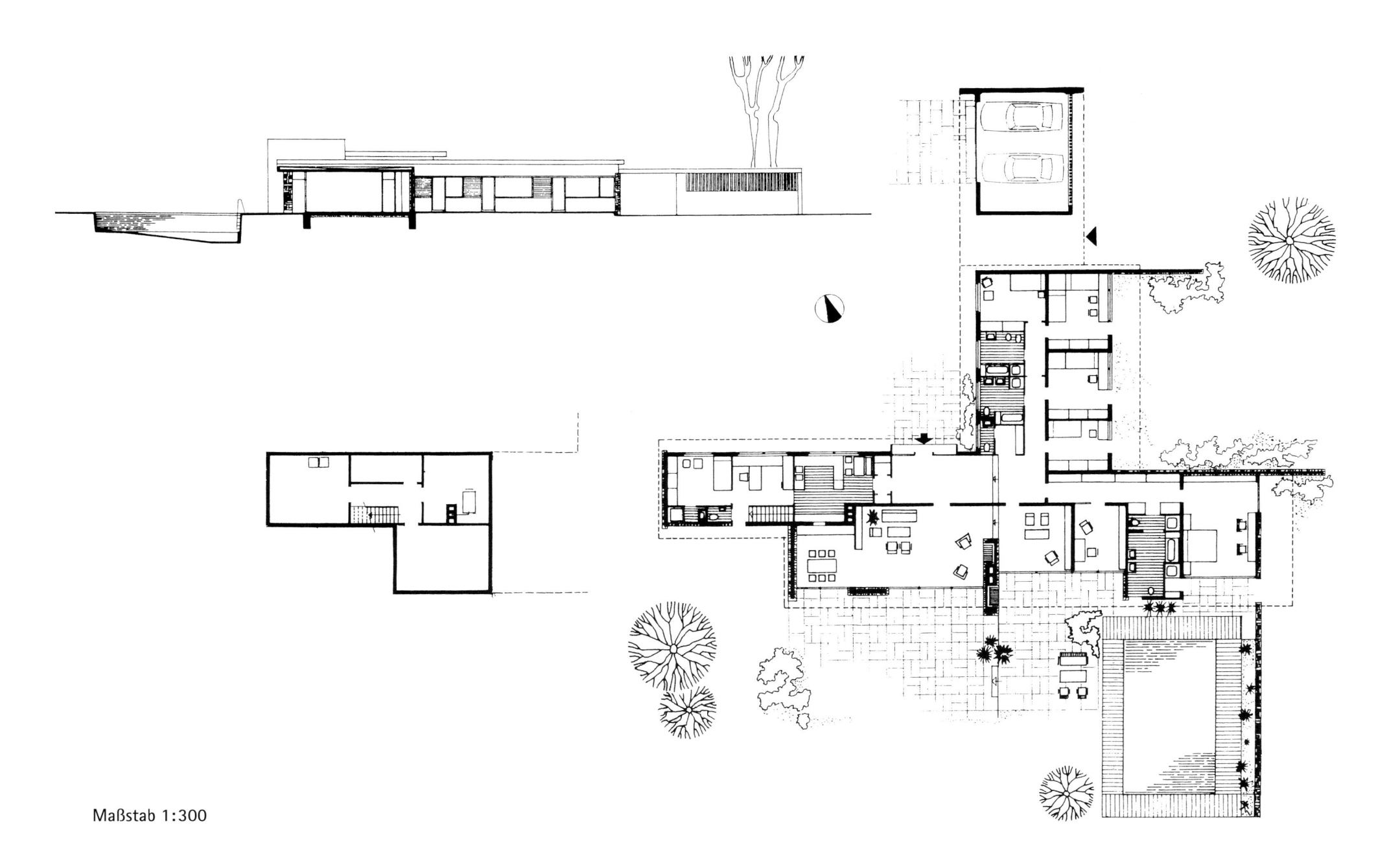

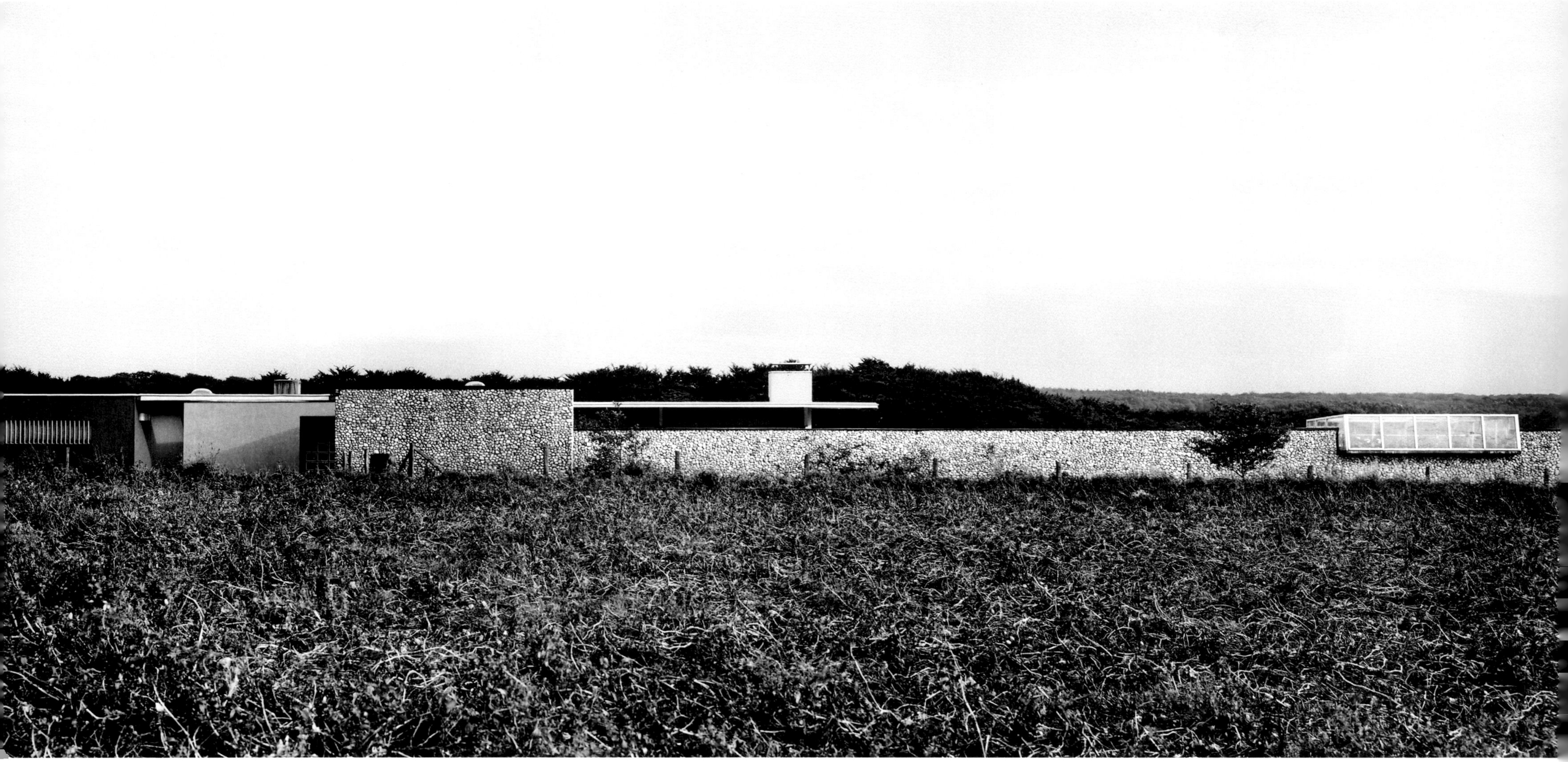

Haus Stoeckel

Ratingen-Breitscheid 1959–60

Inmitten von Wiesen und Feldern liegt das Haus auf einem großen Grundstück unweit des Ruhrtals in Ratingen-Breitscheid. Zu seiner Entstehungszeit war es ein recht abgeschiedener Ort auf dem Lande, zu dem im Nordwesten eine schmale Erschließungsstraße führte. Das Grundstück fällt sanft nach Osten und Südosten hin ab, wo große Baumgruppen bzw. Wälder den Horizont prägen.

Auf der Suche nach einem geeigneten Architekten gelangte ein junges Paar aufgrund einer Zeitschriftenveröffentlichung zum Barbarahof in Kontakt mit Walter Brune, der ein dem Ort und den Bedürfnissen der Auftraggeber angemessenes Haus entwarf. Der Entwurf sah kein einzelnes Gebäude vor, sondern ein Ensemble aus drei Baukörpern, die sehr differenzierte Außenräume schaffen und unterschiedliche Funktionen beinhalten. Von der Straße wird das Grundstück mittels einer lang gezogenen Wand räumlich abgetrennt. Durch ein kleines Torgebäude, das u. a. die Garagen und eine Einliegerwohnung aufnimmt, gelangt man von der Straße in einen Eingangshof, dessen Raumkanten vom Torgebäude, einem Haupthaus und Torhaus verbindenden Querhaus (mit einem Gästeapartment) und dem Schlaftrakt des Haupthauses gebildet werden. Hinter dem Eingangsportal des Wohnhauses gelangt man in eine große Diele, von der aus die verschiedenen Funktionsbereiche des Hauses direkt zugänglich sind. Im Wohn- und Essbereich des Hauses wird die äußere Topografie des welligen, abfallenden Geländes im Inneren fortgeführt. Innerhalb einer offenen 'Wohnlandschaft' bildet ein markanter Höhensprung die optische Trennung zwischen dem Ess- und dem Wohnraum. Der Wohnraum selbst erhält durch seine vertiefte Lage eine deutlich größere Raumhöhe, die dem sehr großen Raum guttut, ihm noch mehr Weite verleiht. Wie beim Barbarahof kragen die dünnen

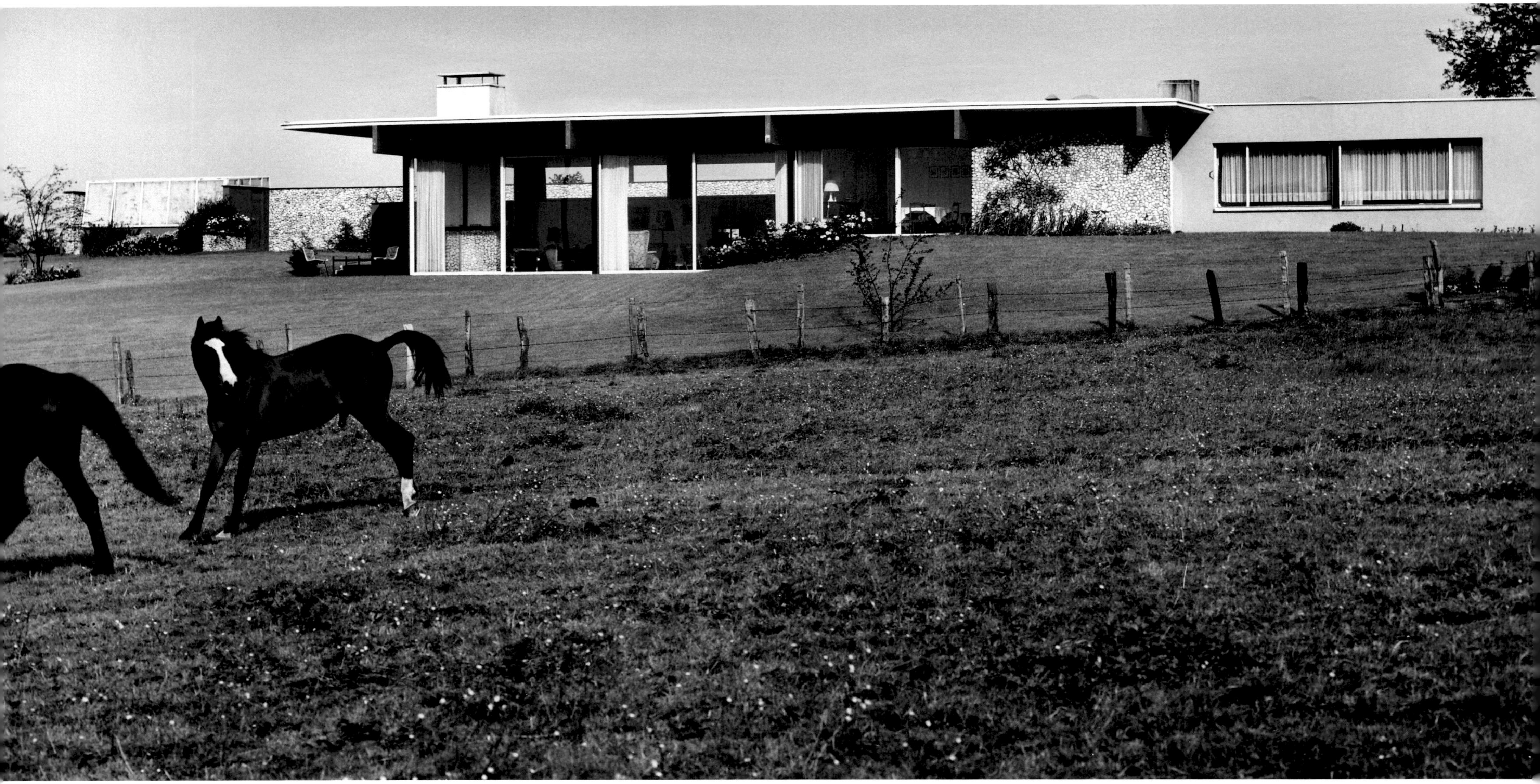

Plattenbalken des Daches weit über die gläserne Fassade hinaus. Der Kamin als Blick- und Endpunkt des großen Wohnraums erhält quasi einen sakralen Charakter. Er ist gleichermaßen innen wie außen nutzbar.

Der architektonische Reiz der Bauaufgabe bestand darin, den Wohnraum in die weite und schöne Landschaft zu komponieren und gleichzeitig dem Wohnhaus in der weiten, offenen Landschaft Halt zu geben. Konsequenterweise unterwirft sich die Gestaltung der Dominanz von Himmel und weiter Landschaft. Das Erscheinungsbild dieses Hauses weist eine Horizontalität auf, wie sie ausgeprägter kaum sein könnte. Besonders signifikant wird diese Ausrichtung in der straßenseitigen Ansicht, die von einer nicht enden wollenden Mauer aus einfachen, runden Feldsteinen gebildet wird. Darüber scheint die als dünne Scheibe gebildete Dachplatte regelrecht zu schweben. Einen besonderen Akzent und Kontrast bietet ein Gewächshaus, das aus dem Garten heraus die Mauer durchdringt. Optisch scheint es eher so zu sein, dass es der Mauer aufgesetzt wurde. Als einzig vertikales Element innerhalb der Gesamtansicht zeichnet sich der Schornstein des Kamins ab. So wird aus der Straßenfassade eine abstrakte Komposition verschiedener architektonischer Elemente. Entgegen der Staffelung der drei Baukörper in Ost-West-Richtung vermittelt die Mauer im Zusammenspiel mit dem Dach des Wohntraktes den Eindruck einer Ausrichtung in Nord-Süd-Richtung. Die räumliche und die architektonische Gestaltung bilden deshalb jedoch keinen Gegensatz, im Gegenteil: Diese kompositorische Dualität passt das Ensemble optimal an die spezifische Situation des Grundstücks an.

Im Gegensatz zum stark verschlossenen Charakter der straßenseitigen Fassade öffnet sich der Bungalow zum leicht vom Gebäude abfallenden Garten. Raumhohe, filigran unterteilte Fenster ermöglichen den Ausblick in die Landschaft. Schiebetüren lassen eine Öffnung des Wohnraumes auf breiter Front zu.

Während der Wohnbereich in seinem Erscheinungsbild reichhaltig gestaltet ist, treten die Fassaden der Schlafbereiche und Nebenräume in ihrer Schlichtheit stark zurück.

Aufgrund seiner ausgeprägten Horizontalität, seiner baulichen Struktur und der Verwendung von Materialien aus dem Umfeld des Hauses (Feldsteine) weckt das Haus Stoeckel wie kein anderes Haus von Walter Brune Assoziationen zu den Präriehäusern des amerikanischen Architekturheroen Frank Lloyd Wright. In zahlreichen Details wird ihre verwandte architektonische Geisteshaltung deutlich.

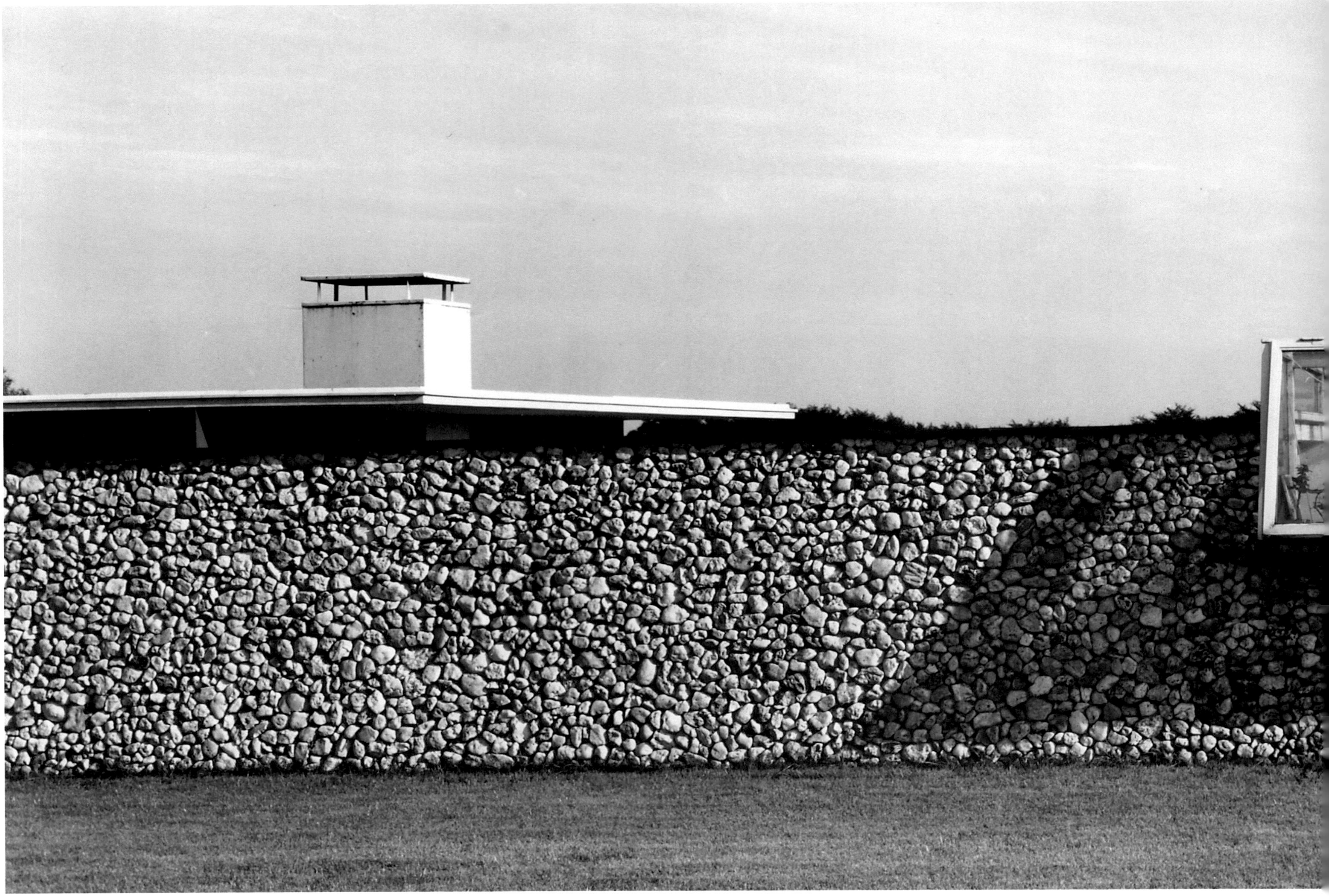

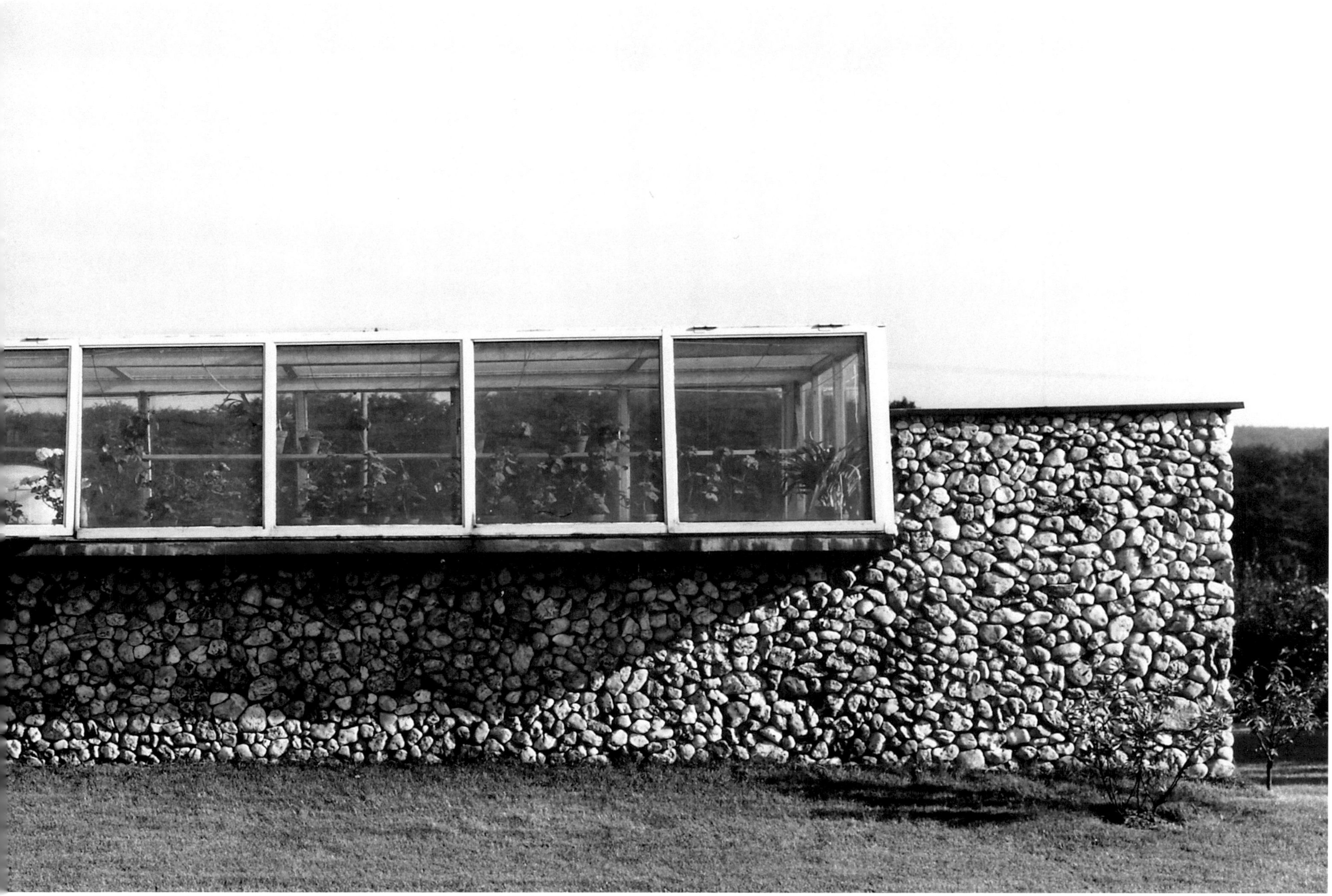

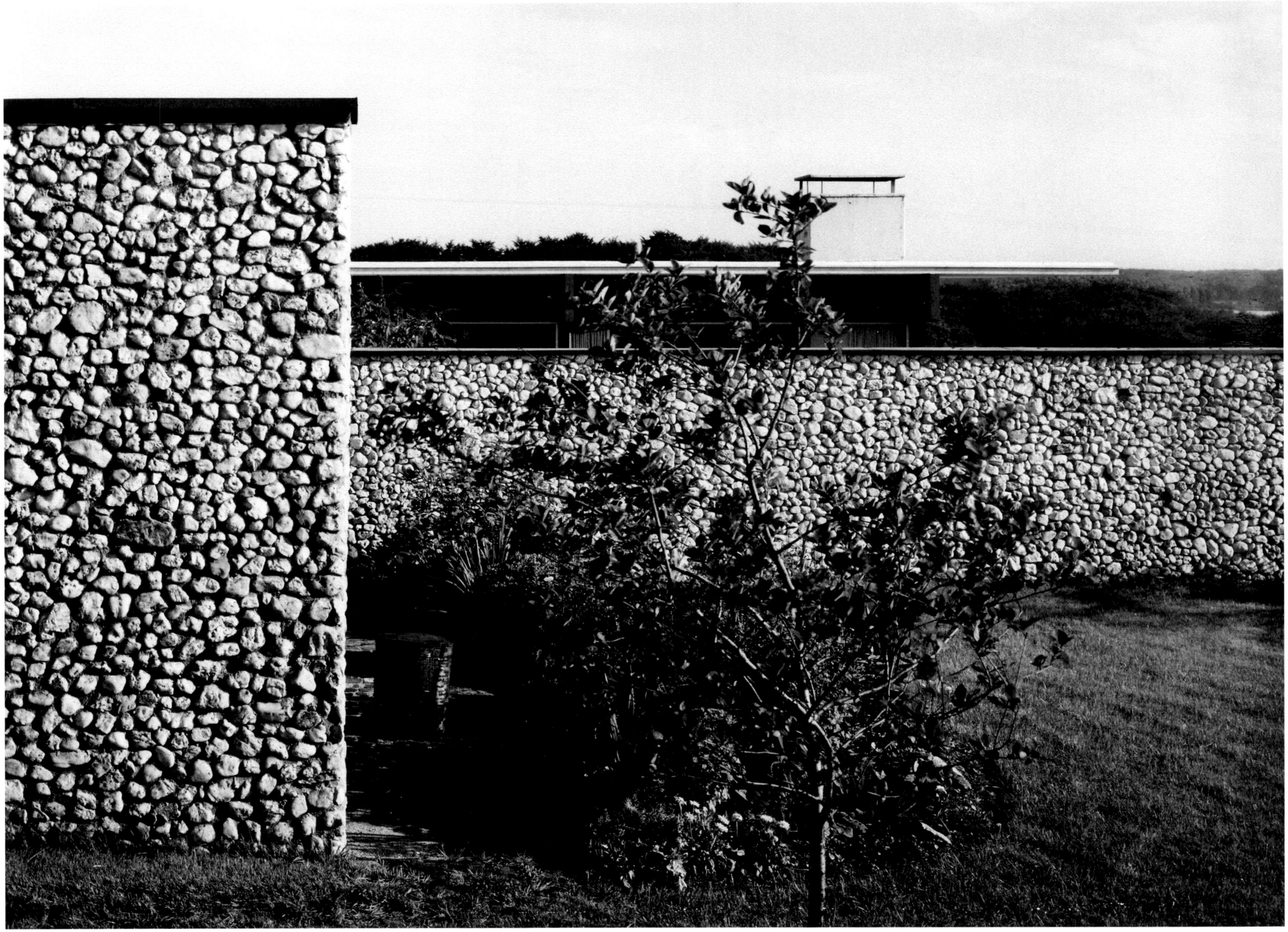

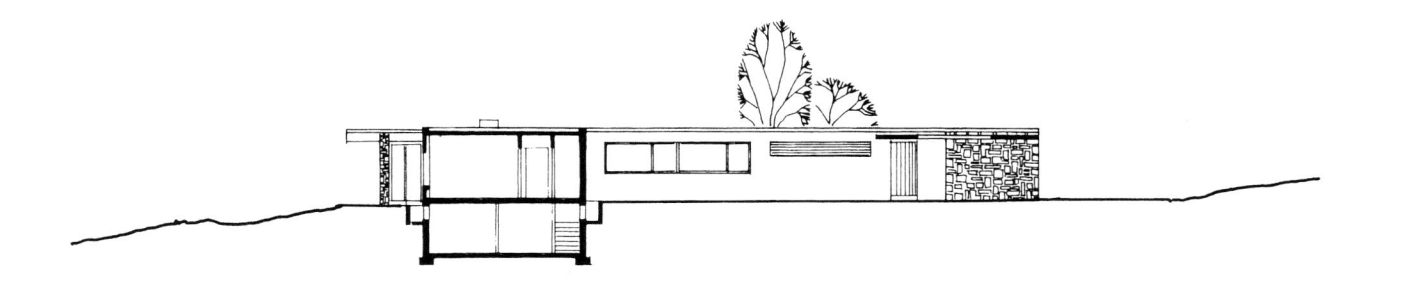

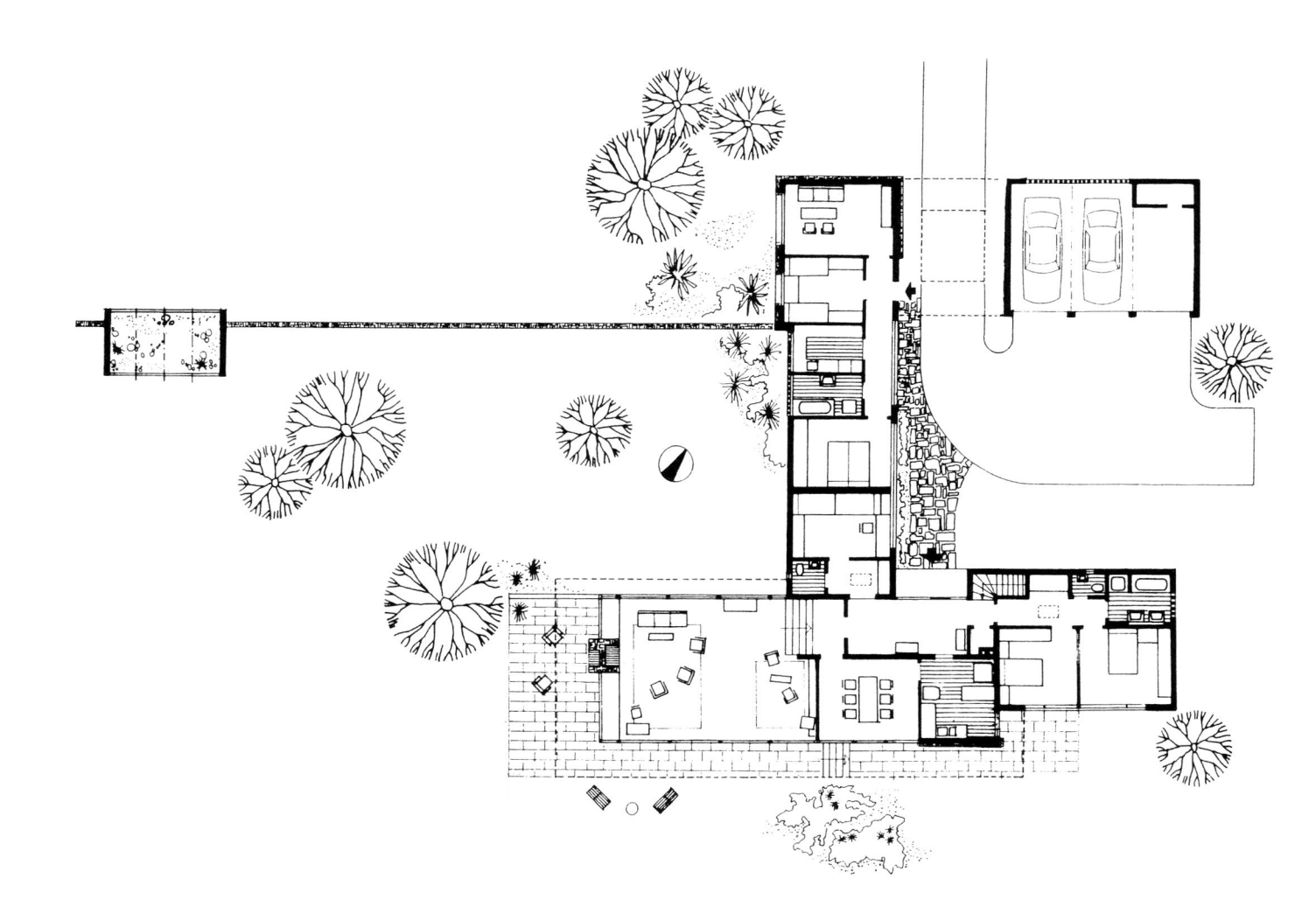

Maßstab 1:300

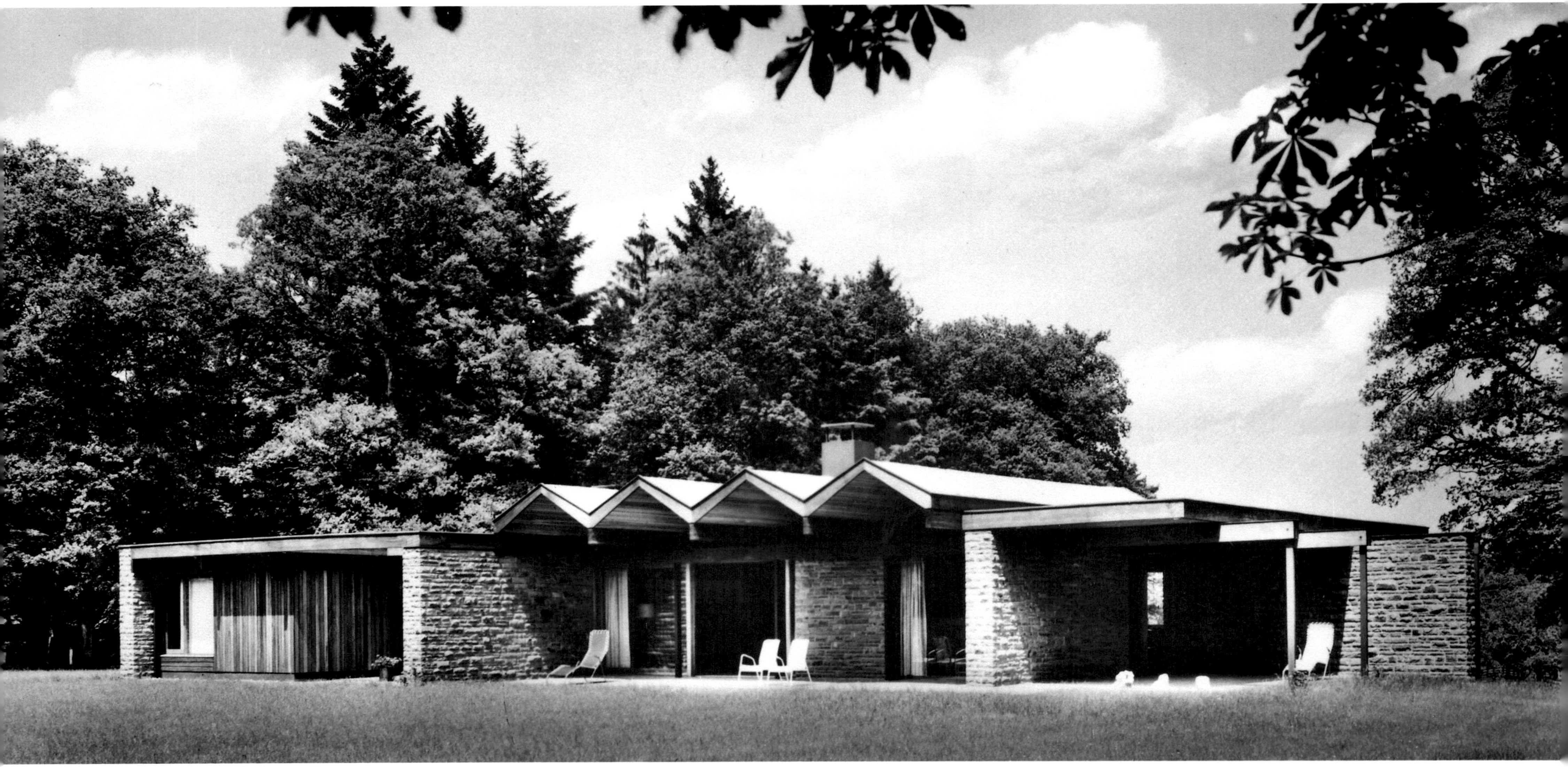

Jagd- und Forsthaus Carp

Eifel 1960–61

Für einen Industriellen mit großem Waldbesitz in der Eifel baute Walter Brune dieses Jagd- und Forsthaus. Da es gleichermaßen als temporäres Wohnhaus für den Forstbesitzer wie auch als Unterkunft für Jagdgesellschaften dienen sollte, galt es ein komfortables und funktional flexibles Wohnhaus zu errichten. Als Standort wurde eine große Waldwiese ausgesucht, die weite Ausblicke auf die sanft geschwungene Landschaft zuließ und von den Waldrändern nicht verschattet wurde.

Die Bauaufgabe, inmitten einer Waldlichtung ein Haus zu errichten, bedurfte eines erheblichen Fingerspitzengefühls. Keinesfalls sollte das Jagd- und Forsthaus als ein Fremdkörper auf der Waldwiese erscheinen. Ebenso sollten die Bewohner in jedem Raum des Hauses spüren, dass es sich um ein Haus im Walde und nicht um ein städtisches Wohnhaus handelt. Außerdem galt es, jeglicher Forsthausromantik eine Absage zu erteilen und zeitgemäß zu bauen.

Um diese Entwurfsziele zu erreichen, disziplinierte sich der Architekt in doppelter Hinsicht, und zwar sowohl in der Baukörperform als auch in der Baukörpergestaltung. Das Bild des Hauses ist durch eine einfache Holzkonstruktion und die Verwendung weniger Materialien geprägt. In dem flach gelagerten Bungalow treten neben Glas ausschließlich Bruchstein und Holz in den Wandflächen und der Dachplatte in Erscheinung.

Der Grundriss ist in zwei Bereiche gegliedert: einen Wohn- und einen Schlafbereich. Der Schlafbereich besteht seinerseits aus den Schlafräumen der Bauherren und den Zimmern für die Gäste. Der Wohnbereich ist offen gestaltet. Der Essplatz kann ggf. bei größeren Jagdgesellschaften auf den ganzen Wohnraum ausgedehnt werden. Im Zentrum dieses Bereiches steht der aus Bruchsteinen gefügte monolithi-

Blick aus dem Wohnraum: Originalzustand und 2008

sche Kaminblock, der in die Fensterfläche des großen Wohnraumes eingefügt ist. Von der ihn umgebenden Sitzgruppe kann der Blick zwischen dem Feuer und dem herrlichen Panorama hin- und herwandern. So kann man die Einmaligkeit der Natur an diesem Ort aus dem Haus heraus bei gleichzeitiger Lagerfeuerromantik beobachten.

Seiner hervorgehobenen Bedeutung entsprechend ist dieser Raum, anders als die flach überdachten Bereiche des Hauses, von einem vierfach gefalteten Dach überspannt. Die dadurch entstehenden Giebelfelder sind jeweils verglast. Sie ermöglichen neben einer Erweiterung der großzügigen südseitigen Verglasung eine zusätzliche Belichtung des Raumes von Norden, was insbesondere in den frühen Morgen- und späten Abendstunden im Sommer ein fabelhaftes Licht erzeugt. Der große Dachüberstand und die Verlängerung der Grauwacke-Bruchsteinwände erweitern den Wohnraum perspektivisch in den Außenraum. Gleichzeitig wird hierdurch für einen ausreichenden Sonnenschutz gesorgt.

Der Zugang erfolgt von Norden, während der Wohnraum nach Süden orientiert ist und die Schlafräume nach Westen. Die Bäder bilden als Nassraumzone eine Trennung zwischen den unterschiedlichen Funktionsbereichen des Hauses.

Wie im Außenraum wurden auch innen sämtliche Wände sichtbar in Bruchstein oder Holz errichtet. Die Tragkonstruktion blieb unverkleidet. Die Decken wurden mit Holz verschalt, der Fußboden mit roten Ziegelplatten belegt.

Das äußere Erscheinungsbild wird durch Wandscheiben aus Bruchmauerwerk, eine weit auskragende Dachplatte und durch das gefaltete Dach über dem Wohnraum dominiert, dessen besondere Stellung es betont. Wenngleich die Auflösung des Baukörpers nach Süden hin wegen der dortigen großflächigen Fenster größer als auf den anderen Seiten erscheint, so ist sie doch auch zu den anderen Himmelsrichtungen recht ausgeprägt. Die in den Außenraum weit ausgreifenden Wandscheiben und die auf filigranen Holzstützen endenden Dachbalken machen dies sehr anschaulich.

Im Zusammenspiel mit den *natürlichen* Materialien Holz und Bruchstein gibt sich das Jagdhaus bescheiden. Das Haus dominiert die Lichtung nicht, es fügt sich ein. Wie gut die Einbindung gelang, lässt sich an der Reaktion der Wildtiere ermessen. Schon kurz nach Fertigstellung näherte sich das Rotwild dem Haus frühmorgens und abends. Die Anpassung des Hauses an den Ort glückte so gut, dass das Jagdhaus das Wild nicht weiter beunruhigte, so dass es den schon früher gewohnten Äsplatz weiterhin aufsuchte. So gesehen muss der Landschaftsschutz keinen Hinderungsgrund für die Architektur darstellen, sondern kann vielmehr Motivation für eine naturnahe und sensible Bauweise sein. Das Jagd- und Forsthaus Carp macht dies in besonderer Weise deutlich.

Heute ist das Jagdhaus regelrecht eingewachsen. Wilder Wein überrankt das Gebäude, als würde die Natur es sich in Gänze einverleiben wollen.

Südansicht heute

Originalzustand

75

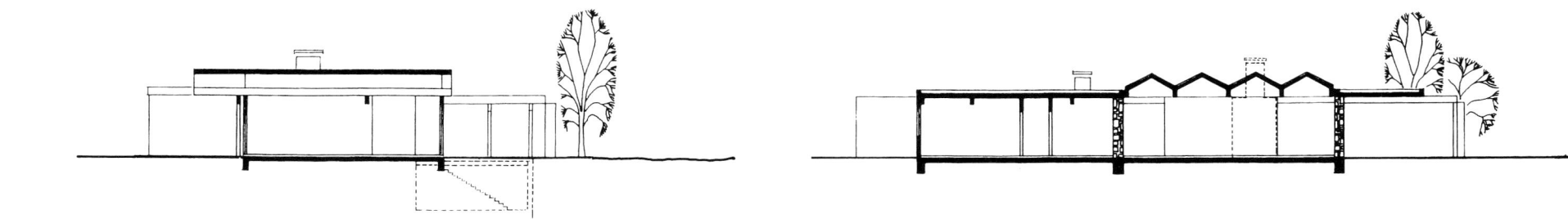

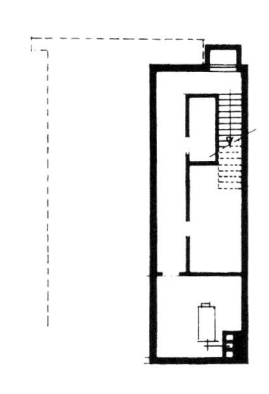

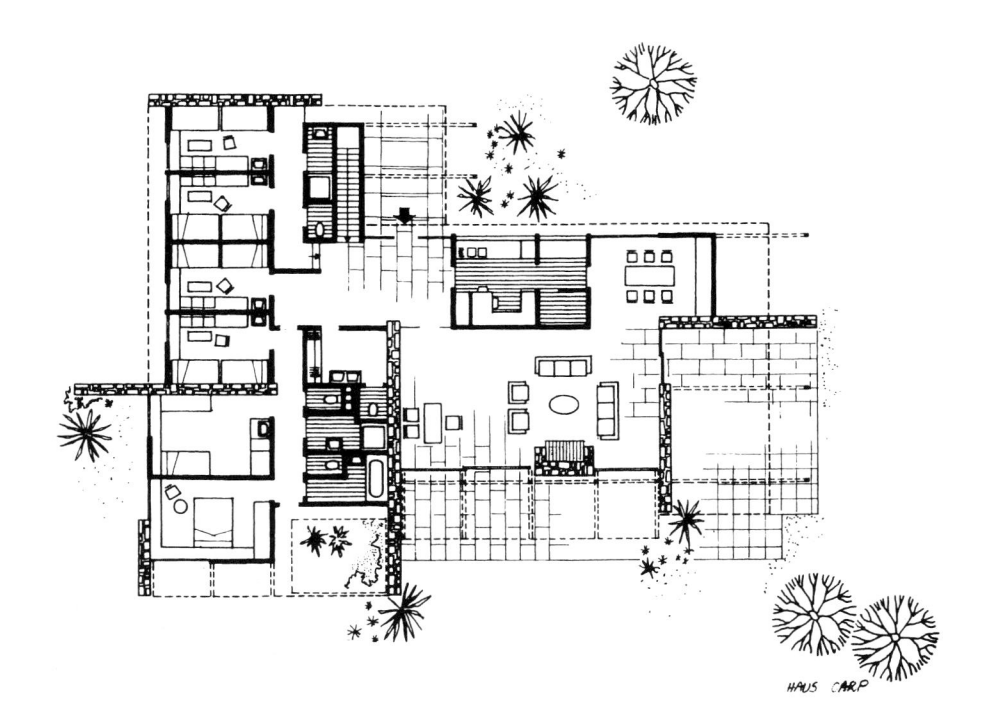

Maßstab 1:300

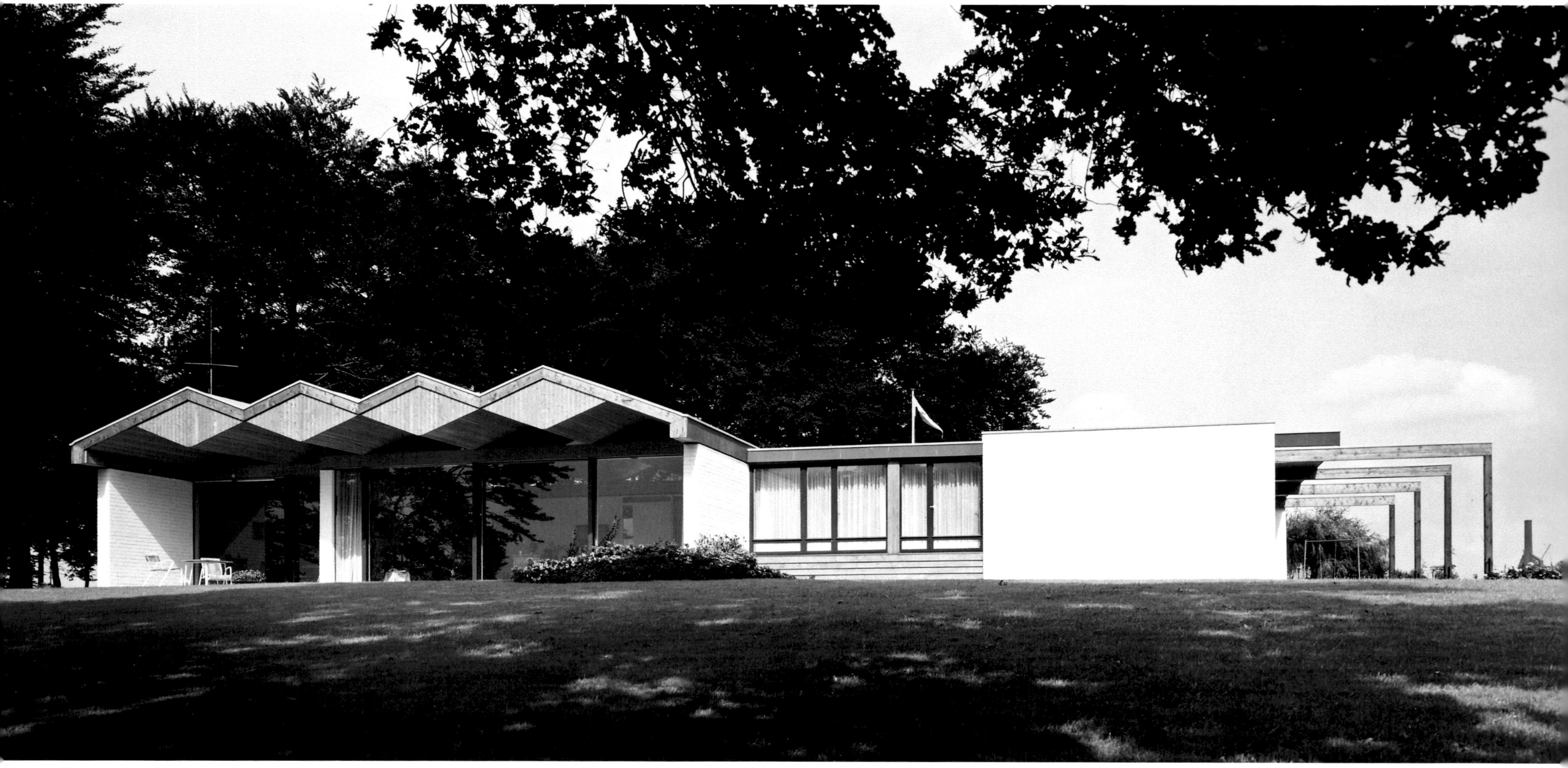

Haus Teigler

Moers 1961–62

Am Niederrhein, am Rande der Stadt Moers, baute Walter Brune ein Wohnhaus für einen Unternehmer der Kunststoff- und Kautschukindustrie und seine dreiköpfige Familie. Als Baugrundstück stand ein großes, nach Südwesten zu einem Bach abfallendes Grundstück zur Verfügung. Üppige Bäume und Baumgruppen setzten die Akzente in dieser flachen niederrheinischen Landschaft.

Der Bauherr verlangte ein komfortables Wohnhaus, das mit dem geringsten Kapitalaufwand zu bauen sei. Eine Sammlung wertvoller antiker Möbel war in die Gestaltungsüberlegungen mit einzubeziehen. Aus den funktionalen Bedürfnissen der Bewohner heraus entwickelte Walter Brune einen dreigeteilten Grundriss in Form eines winkelförmig angelegten Bungalows. Der längere Schenkel des Winkels beherbergt die Wohn- und Schlafräume, während der kürzere und etwas niedrigere die Wirtschafts- und Nebenräume sowie eine Doppelgarage in sich aufnimmt. Die Küche bildet so etwas wie den Gelenkpunkt an der Innenecke des Gebäudewinkels.

Von der Diele am nordöstlich gelegenen Eingang aus werden der Schlaf- und Wohntrakt des Hauses erschlossen. Räumlich sind die nach Südosten ausgerichteten Schlafzimmer von dem nach Südwesten orientierten Wohnbereich abgetrennt. Auf seiner gesamten Breite erhält dieser Gebäudeteil eine überdachte Terrasse. Wegen seiner beträchtlichen räumlichen Tiefe wurde der Wohnbereich mit 80 cm hohen Nadelholzbindern überspannt. Der zwischen den Ober- und Untergurten der Tragkonstruktion befindliche Zwischenraum wurde in Form eines aussteifenden Dreiecksverbands mit Holz verschalt, woraus ein auf Ober- und Unterseite vierfach gefaltetes Dach entstand, das signifikant innen wie außen den Wohn- und Essraum prägt. Die sich durch diese Dachform ergebenden dreiecksförmigen Giebelfelder dienen der

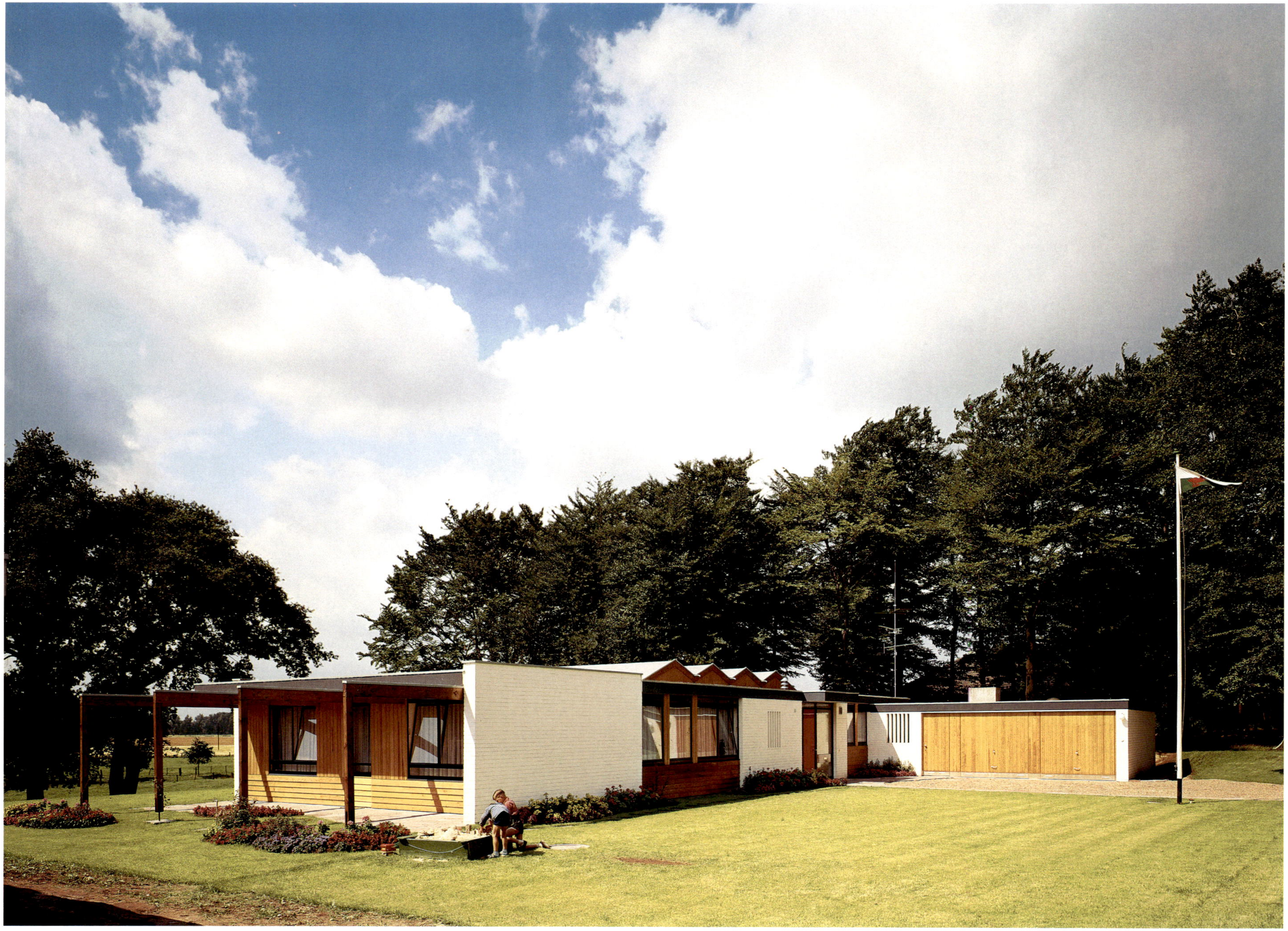

zusätzlichen Belichtung des Raumes von Nordosten und Südwesten. Große Wandscheiben, die in schlichtem Weiß gehalten sind, dienen den antiken Möbeln als Hintergrund. Im Zusammenspiel mit dem ruhigen Fußbodenbelag kommen die Möbel besonders zur Geltung.

Die Gestaltungselemente des großen offenen Wohn- und Essraums prägen auch das äußere Erscheinungsbild. Zum einen ist es das markante gefaltete Dach, das deutlich das Flachdach des Hauses überragt, zum anderen sind es die unverputzten Wandscheiben aus weißen Kalksandsteinen, die teils aus dem Inneren des Hauses hervortreten, teils stumpf vor dem Haus stehen, wodurch das Haus geradezu dahinter zu verschwinden scheint, um Schutz zu suchen. An der Gartenseite wiederum steht eine Wandscheibe frei auf der Wiese, um die Terrasse vor dem Wind aus Nordwesten und Westen zu schützen. Da das freiliegende Gebäude besonders durch starken Wind beeinträchtigt wird und dies einen Aufenthalt auf der Terrasse einschränkt, war diese Art einer frei stehenden Wand als Abschirmung gegen den Windeinfall ratsam.

Vor den Schlafräumen schließlich entledigt sich das Haus seiner klar umrissenen Baukörperform. Das flache Dach schiebt sich hier als Sonnenschutz deutlich vor die Fassade. Die seitlichen Wandscheiben aus Mauerwerk überragen die Fassade aus Holz und Glas unterschiedlich weit. Schließlich verlängert eine Pergolenkonstruktion hier das Haus nach Südosten und verschafft den Schlafräumen einen vorgelagerten Aufenthaltsbereich im Freien.

Das Haus Teigler ist trotz seiner Größe dank einer sparsamen Anwendung preisgünstiger Baumaterialien ein *Low-Budget-Haus*, das aufgrund seiner Funktionalität ohne Personal leicht zu bewirtschaften ist. Als horizontal ausgerichtetes Wohnhaus fügt es sich in die flache niederrheinische Landschaft ein.

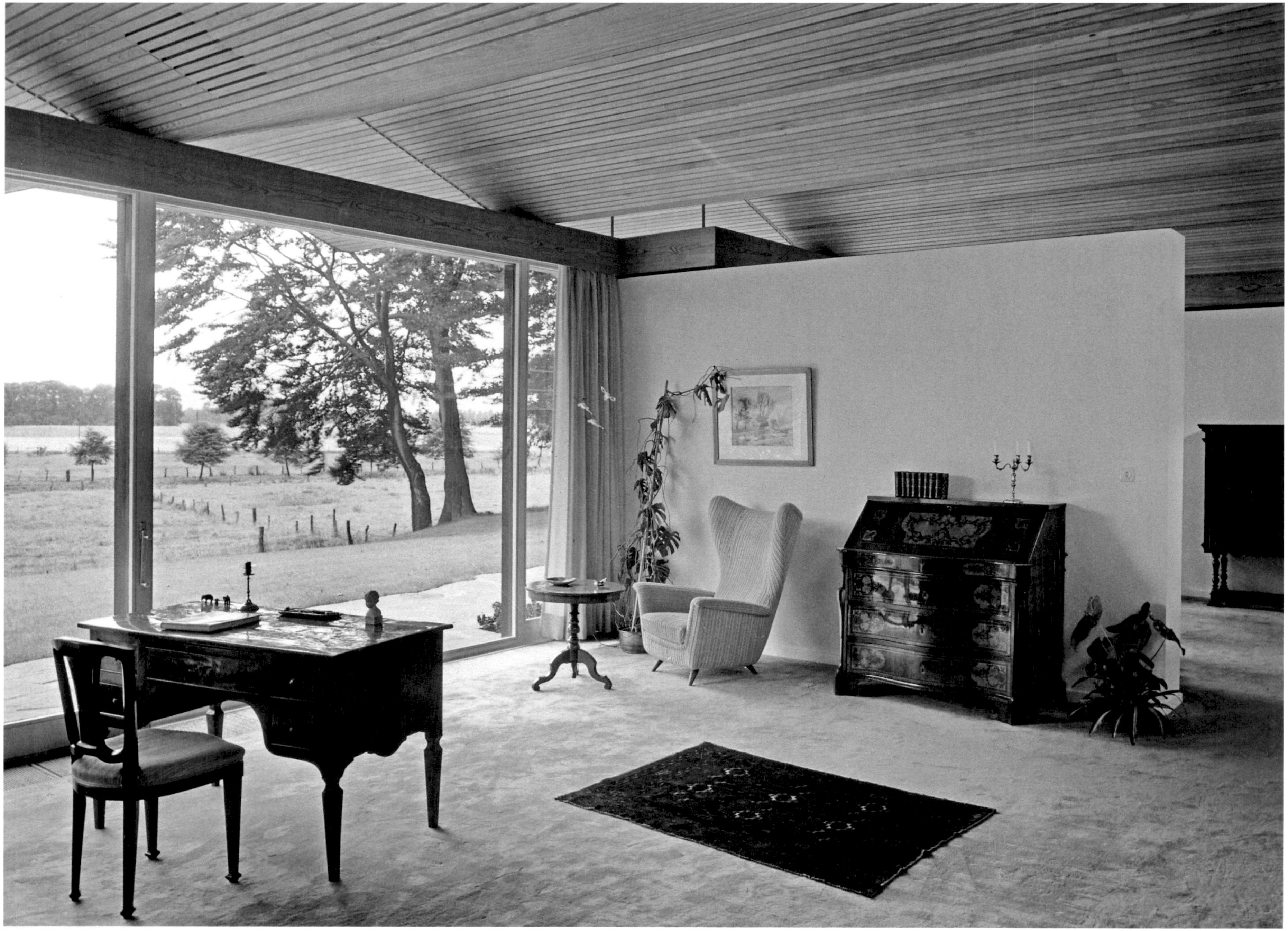

81

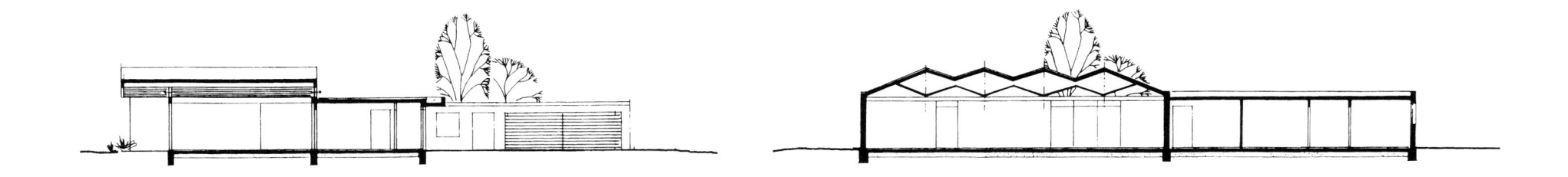

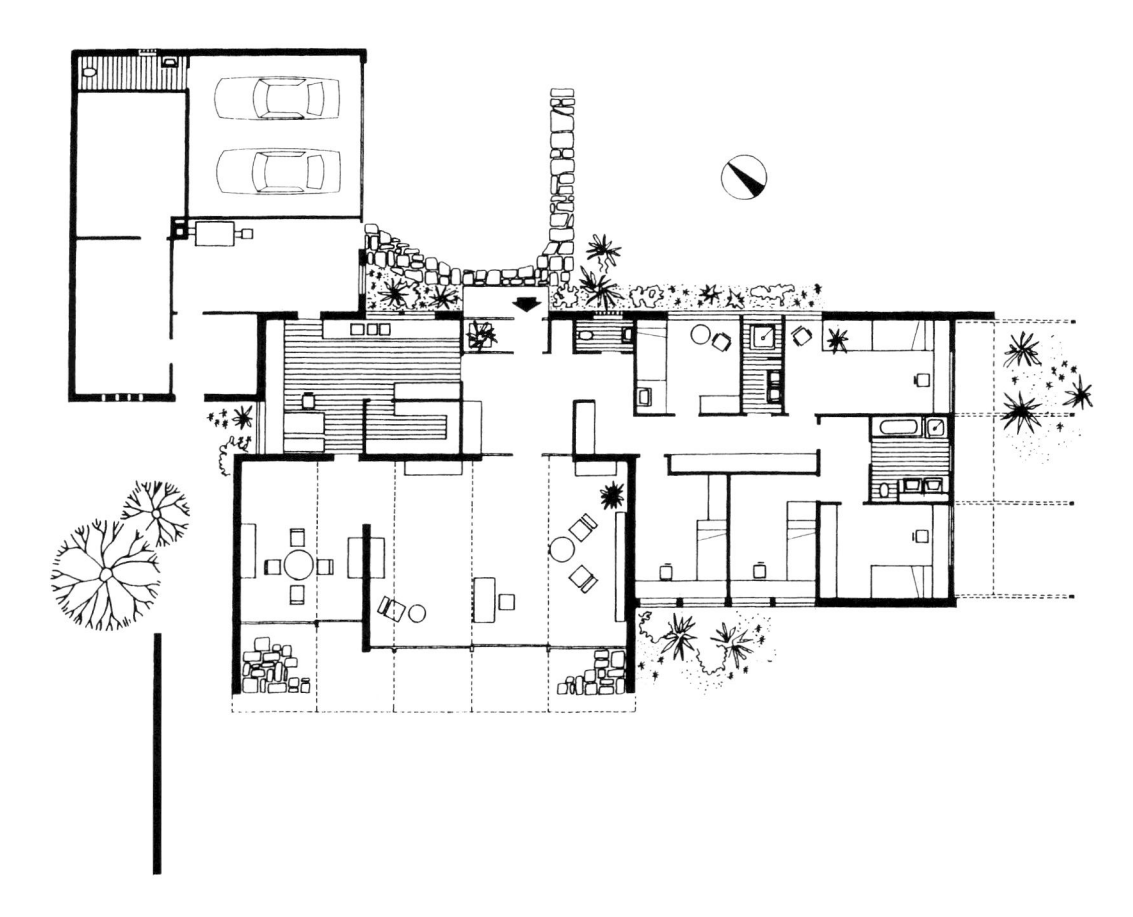

Maßstab 1:300

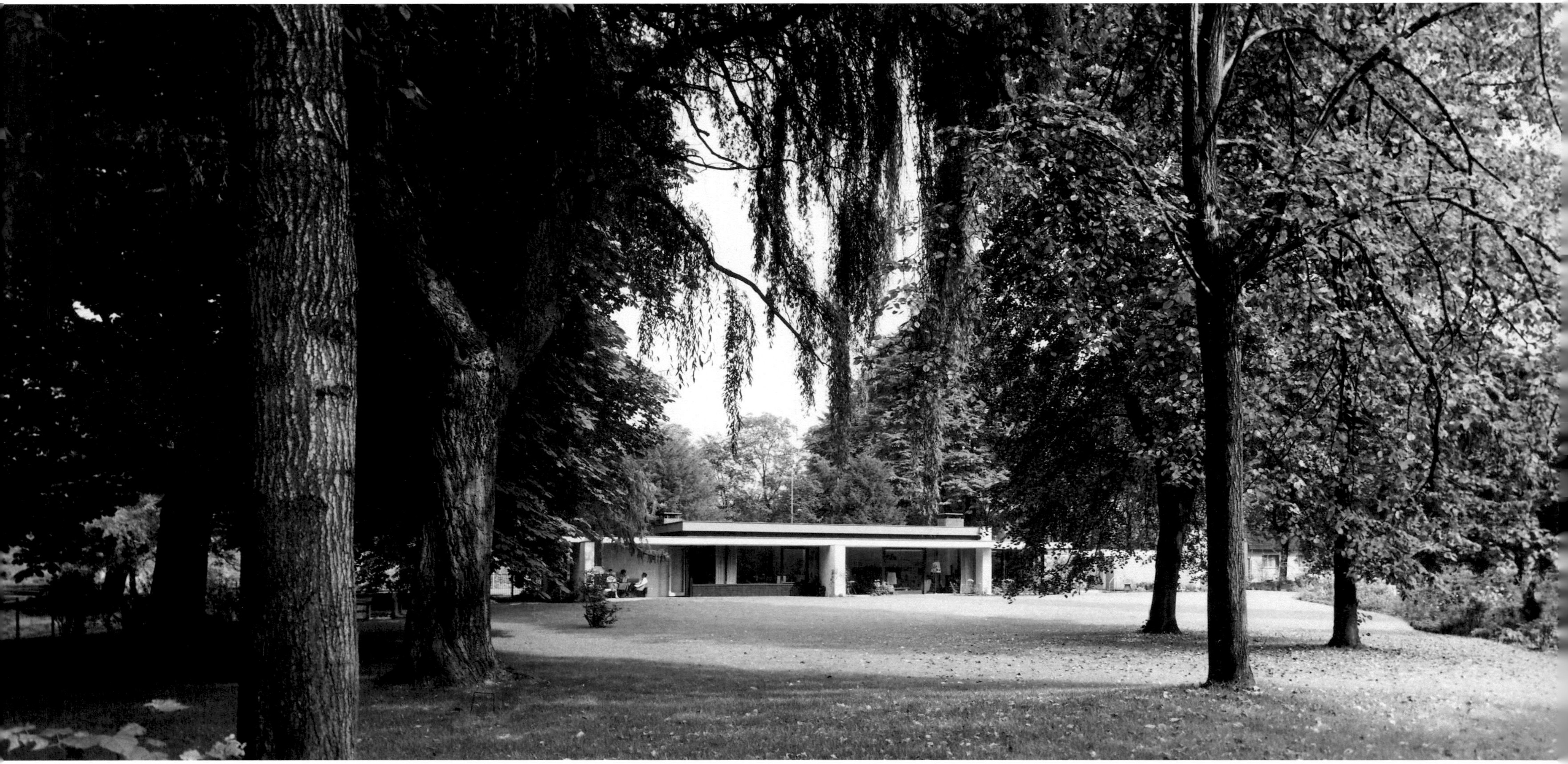

Haus Heimsoeth

Bergisch Neukirchen 1961–63

Das Haus liegt in Bergisch Neukirchen in der Nähe von Opladen. Es wurde als modernes privates Wohnhaus an der Stelle eines baufälligen Patrizierhauses inmitten eines Parks mit altem Baumbestand errichtet: darunter viele, über ein Jahrhundert alte Bäume. Die Aufgabe bestand darin, das Haus so zu platzieren, dass der Baumbestand unangetastet blieb und das Haus herrliche Ausblicke in den Park zuließ.

Das Haus sollte einer kinderreichen Familie ein Zuhause sein. Darum waren zahlreiche Individualräume und Bäder in ihm unterzubringen. Eine andere Anforderung an den Entwurf bestand darin, dass wegen der Kinderbetreuung die Küche so zu platzieren war, dass sie im Mittelpunkt zwischen Wohnbereich und Kinderzimmern liegen sollte.

Der Zugang zum Gebäude erfolgt von einer Erschließungsstraße von Norden. Der Grundriss ist rechteckig und streng orthogonal gegliedert. Aufgrund der Grundstücksgegebenheiten orientieren sich die Schlafräume nach Norden, während der ausgedehnte Wohnbereich nach Süden ausgerichtet ist. Als Großraum gehen die Räume des Wohnbereichs fließend ineinander über: Er besteht aus einem großen Wohnraum und einem Esszimmer mit einer offenen Küche, dem sich eine Terrasse mit Außengrill anschließt. Neben dem Wohnraum befindet sich ein ebenso als Studio nutzbares Arbeitszimmer, das einen direkten Einblick in einen offenen Hof mit einem Schwimmbecken bietet. Nach Norden wird dieser Bereich von einer Doppelgarage abgeschlossen. Im Gegensatz zu anderen Brune-Bungalows tritt der Kamin weitaus weniger dominant in Erscheinung, wenngleich er der ganzen Familie als Sammlungsstätte um das offene Feuer an kalten Tagen dient.

Um die Wirkung der mächtigen Baumkronen zu unterstreichen, wurde der Neu-

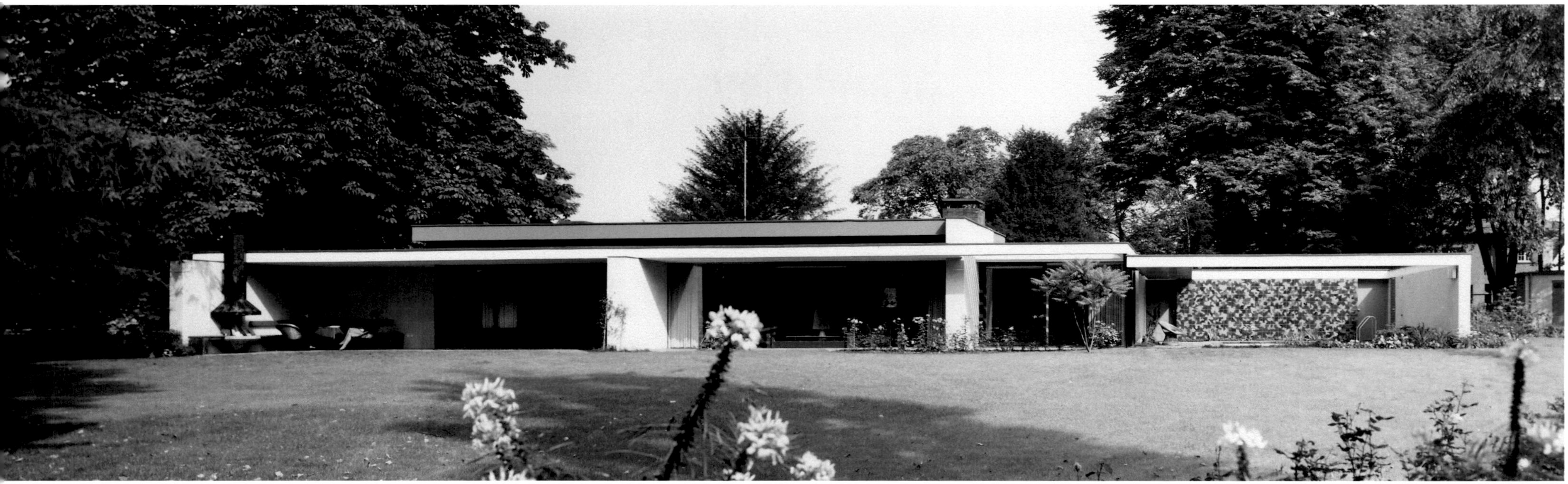

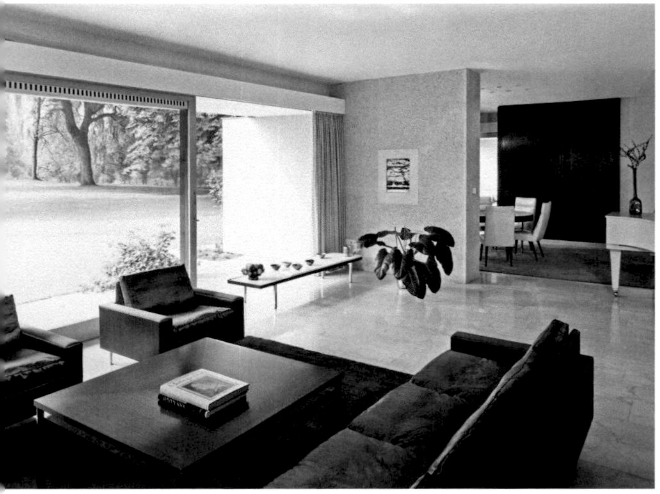

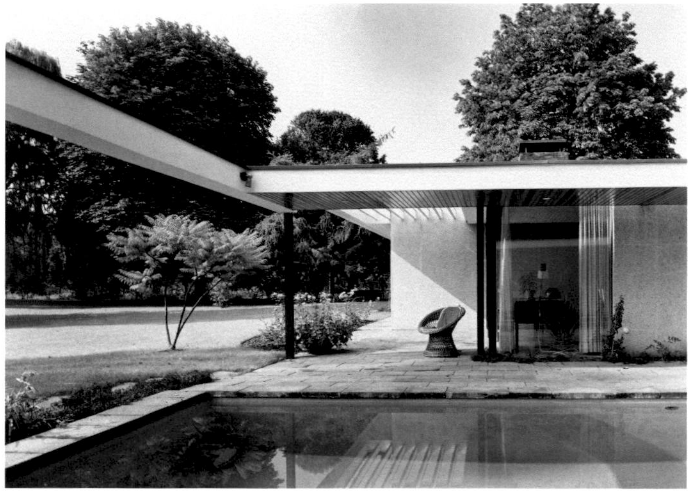

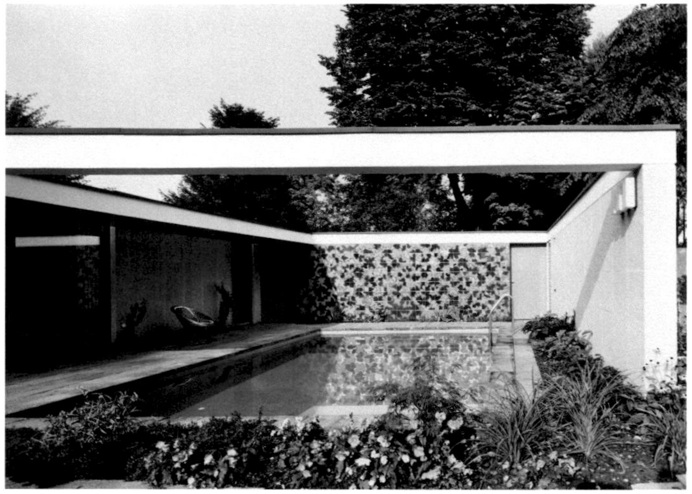

bau als flach gelagerter Baukörper entworfen. Die Konstruktion des Hauses besteht aus einfachen Ziegelwänden, die an einigen Stellen mit kristallinen Waschbeton-Fertigplatten verkleidet sind. Über den Wänden spannt sich horizontal eine Dachplatte, die im Bereich der Terrasse längliche Öffnungen in Form von Schlitzen aufweist, um als 'Sonnenbrecher' Licht und Schatten gleichermaßen zu bieten. Über dem Wohnraum wurde das Dach um 60 cm angehoben, um die Belichtung und Belüftung der tiefer innen liegenden Räume zu ermöglichen. Hierdurch entsteht etwas zurückgesetzt eine zweite Dachlinie, die den horizontalen Charakter des Bauwerks unterstreicht. Gartenseitig gliedern unterschiedlich weit vorspringende Wandscheiben die völlig transparente Südfassade, die einen großzügigen Blick in den parkartigen Garten ermöglicht. Weiter östlich rahmt leicht unterhalb der Attika des Haupthauses ein Deckenbalken den Schwimmhof. Um den Badebereich vor Einsicht und Wind zu schützen, sind die Wandflächen der Ostseite bis auf einen kleinen Zugang vollständig verschlossen.

Das Haus Heimsoeth fügt sich in das landschaftliche Bild des Parks ein, indem es sich im wahrsten Sinne des Wortes *klein* macht und den Ort respektiert. Die einfache Struktur des Grundrisses ist ganz auf die Bedürfnisse der vielköpfigen Familie zugeschnitten. So bietet das Landhaus seinen Bewohnern, was sie suchten: ein funktionales Heim im Grünen.

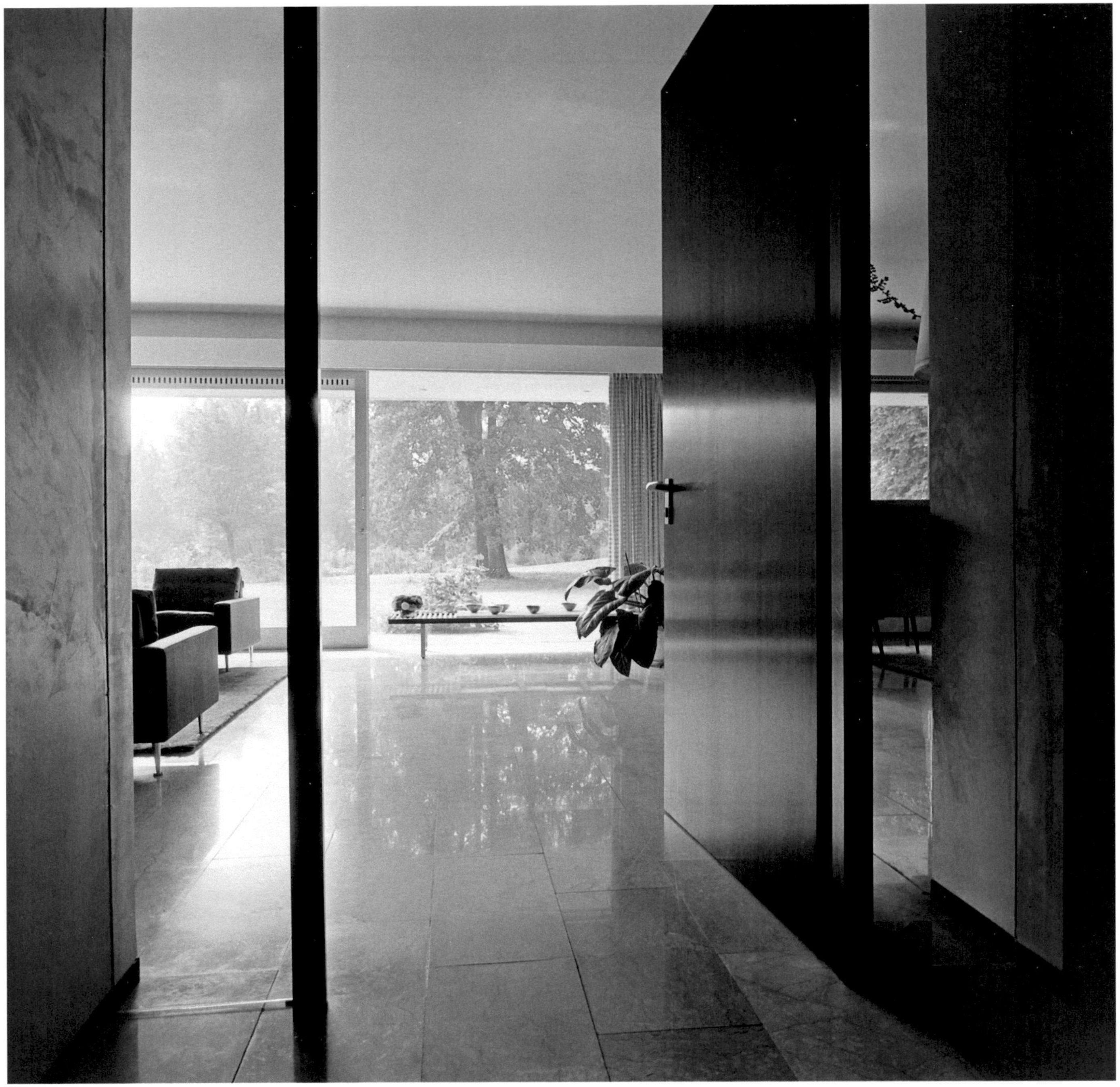

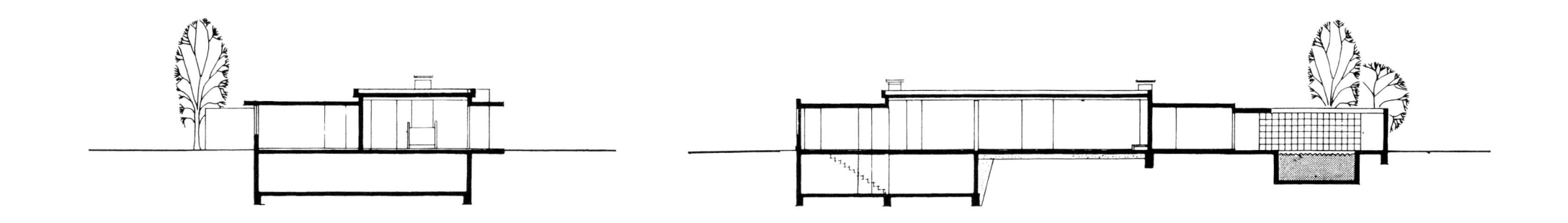

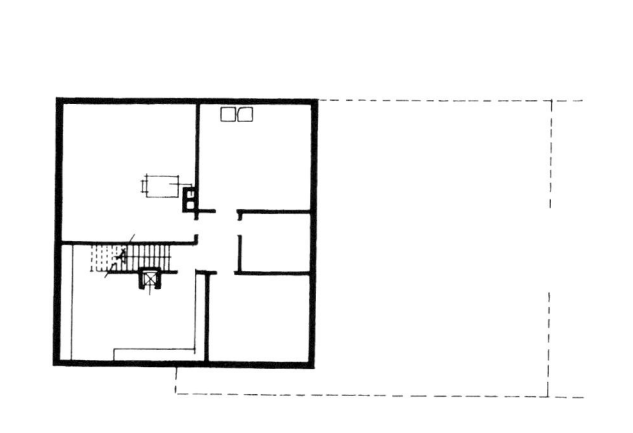

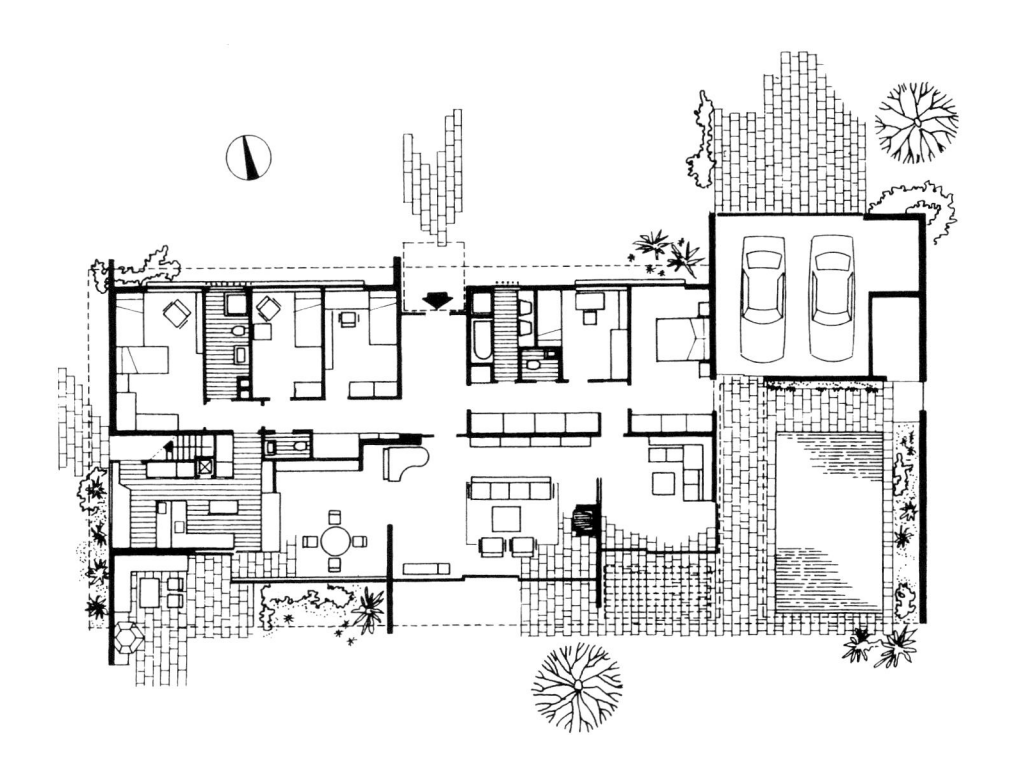

Maßstab 1:300

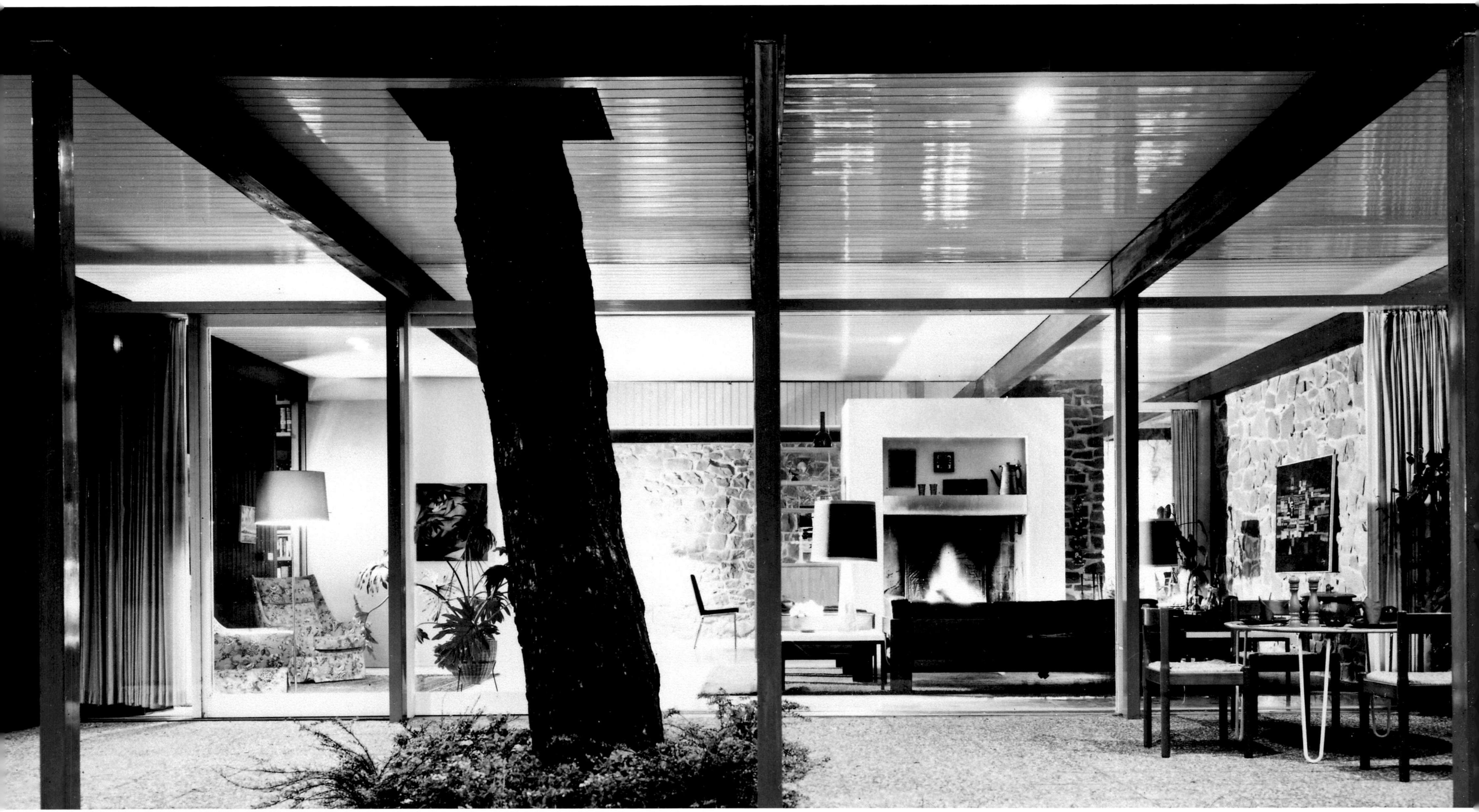

Haus Dr. Berg

Düsseldorf 1961–64, Schwimmbad 1967–69

Dieser Bungalow für eine Familie mit drei Kindern liegt auf einem 3000 Quadratmeter großen Grundstück am Stadtrand von Düsseldorf. Unter hohen Kiefern, Lärchen und Platanen gelegen, verschmilzt es geradezu mit seiner Umgebung, einem mittlerweile unter Schutz gestellten Landschaftsgebiet. Nach Süden bietet es einen herrlichen Ausblick in einen offenen, parkähnlichen Garten.

Das Haus wurde von Walter Brune für einen Holzimporteur geplant. Was lag da näher als ein Haus ganz aus diesem Material zu bauen? So wurden nahezu sämtliche Bauteile wie Wände, Decken, Brüstungen, Balken und Fenster aus Holz hergestellt. Zu diesen Holzbauteilen kontrastieren die aus statischen und ästhetischen Gründen eingesetzten dünnen Stahlstützen unter den Deckenbalken sowie einige gemauerte Wände aus Zyklopen-Bruchsteinmauerwerk, die der Horizontalaussteifung des Gebäudes dienen. Die baukörperliche Gestalt ist einfach. Entsprechend den funktionalen Erfordernissen und konstruktiven Notwendigkeiten eines Holzhauses besitzt der Grundriss eine streng gerasterte Struktur. Die Fassaden springen unterhalb eines großen durchgängigen Flachdachs je nach Raumintention gestaffelt zurück und schaffen somit überdachte Außenbereiche.

Alle Wohn- und Schlafräume wie auch das später hinzugefügte Schwimmbad sind zur Südseite ausgerichtet, die zugleich auch die Gartenseite ist. Lediglich die Küche, die einen eigenen Wirtschaftsbereich besitzt, und die Gästeräume sind nach Norden gerichtet. Hier befindet sich auch der hinter Bäumen und dichten Büschen versteckt liegende Eingang. Wenn der Besucher das Haus betritt, gelangt er in einen großzügigen Eingangsraum. Diese vielseitig nutzbare Wohndiele bietet einen eindrucksvollen Ausblick in den Garten. Der Übergang zu den Wohnräumen ist fließend:

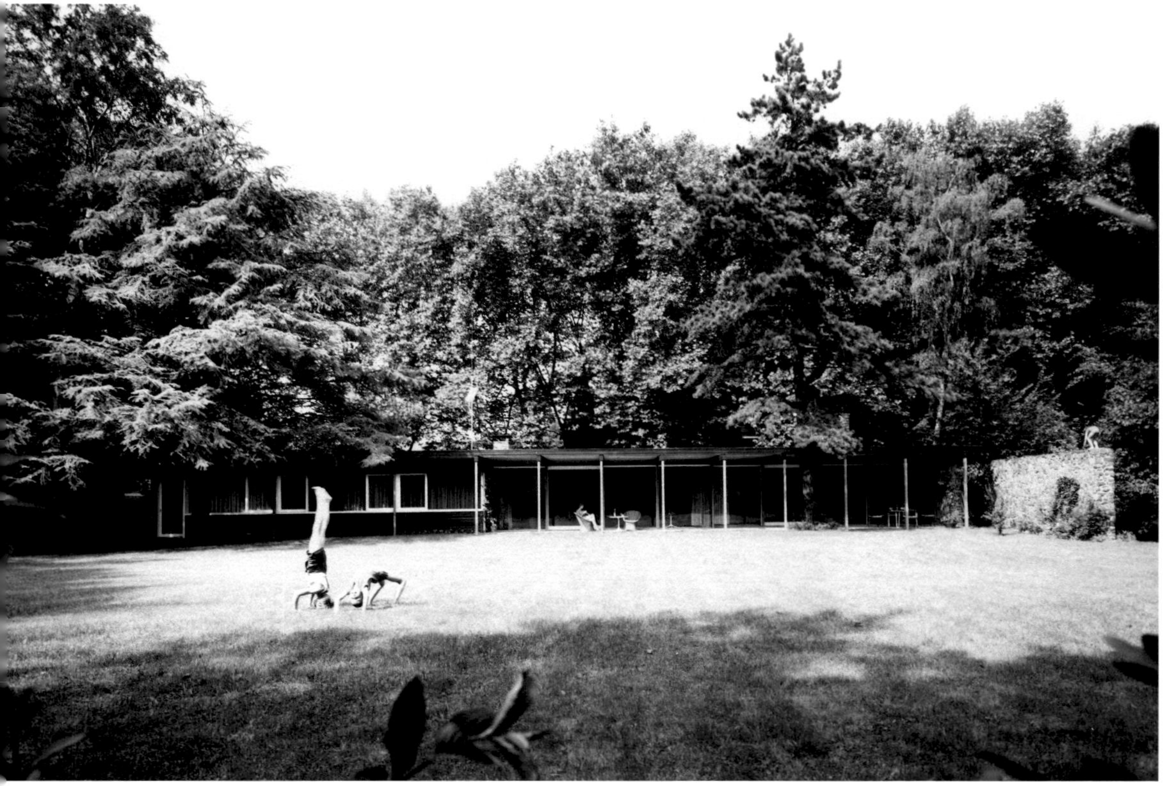

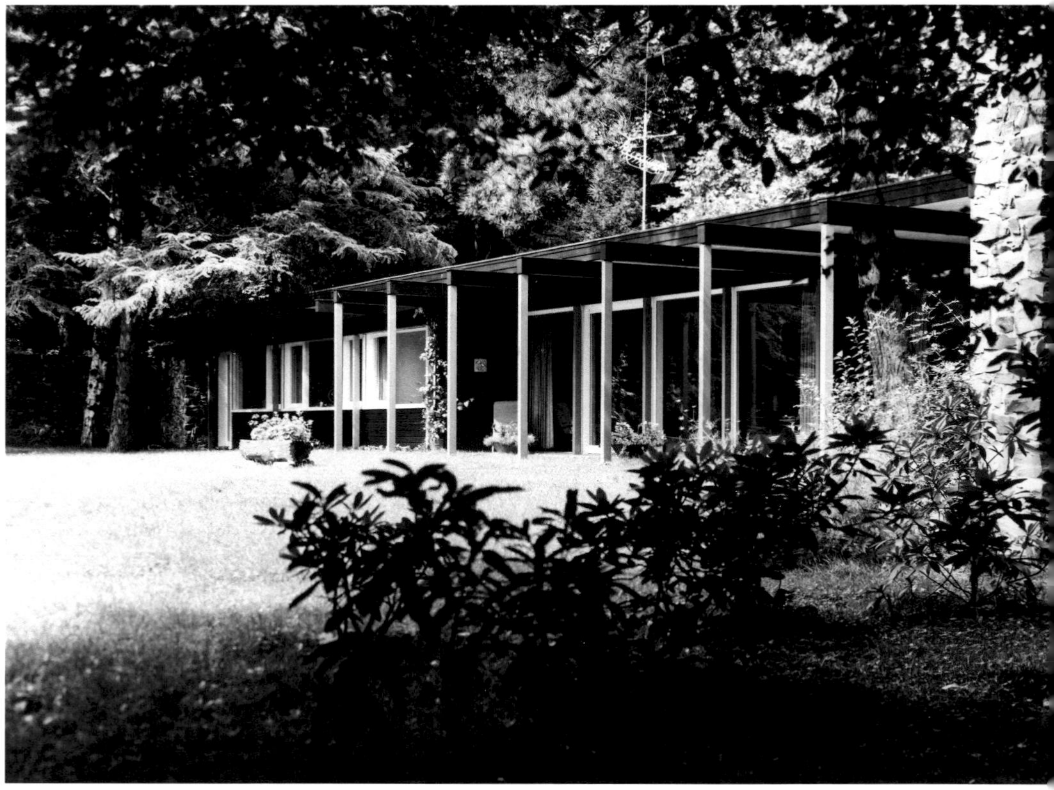

Sie sind großzügig angeordnet und verzahnen sich untereinander sowie mit dem Garten mittels einer überdachten Terrasse. Als einziger Raum hat der tief liegende Essraum ein pultförmiges Oberlicht zur besseren Raumbelichtung. Der Bereich der Schlafzimmer ist vom Wohnbereich klar getrennt.

Der helle, freundliche Charakter des Hauses wird durch einfache Mittel verstärkt: Die mit einem weißen Hochglanzlack gestrichene Holzbrettschalung der Decke reflektiert das Außenlicht auch in weit von den Fenstern entfernt liegende Bereiche. Gleichzeitig entsteht so ein starker Kontrast zu den schwarzen Deckenbalken, die das konstruktive Ordnungsprinzip des Hauses betonen, und zur schwarz gestrichenen Holzstülpschalung der Außenwände. Ein Bruchsteinmauerwerk bietet im Wohn- und Essbereich als massive Wand dem Haus statische Stabilität und den Bewohnern Schutz und Behaglichkeit. Vor dem Hintergrund des Zyklopen-Mauerwerks hat der Kamin einen skulpturalen Charakter.

Wie stark die Verschmelzung des Hauses mit seiner Umgebung intendiert war, mag allein daraus ersichtlich sein, dass es um einen alten Baum herum gebaut wurde und zwar so, dass dessen Stamm das Dach durchstößt. Mit seiner Lage unter mächtigen Bäumen und der Verwendung von schweren Natursteinmauern und dunkel gebeizten Holzwänden hebt sich das flach gelagerte Haus kaum von seiner Umgebung ab. Lediglich die weiß gestrichenen Stahlstützen sowie die weißen Fensterrahmen der verglasten Südfassade treten in ihrem starken Kontrast zum dunklen Holz deutlich sichtbar hervor. Das Farbkonzept des ganzen Hauses ist ein Spiel von Schwarz und Weiß. Die Auflösung des Hauses bzw. seine Verzahnung mit dem Außenraum erfolgt weniger mithilfe der Farbgebung der Materialien, sondern vielmehr durch ein Ausgreifen der architektonischen Elemente in den Außenraum: Das Dach und die Dachbalken selbst sind nicht nur weit vor die Fensterflächen gezogen, die Dachbalken treten ihrerseits unter dem Dach weit in den Garten hervor, um schließlich auf dünnen Stahlstützen auf der Wiese abgefangen zu werden.

Ebenso ragen die Zyklopen-Bruchsteinwände in den Garten hinein. Sie bilden Schutz gegen Einblicke und gegen Wind und machen die Terrasse zum behüteten Außensitzplatz. Die fließenden Übergänge zwischen Wohnraum, Terrasse und Rasenfläche machen so den Garten zum Wohnbereich. Auf diese Weise setzte Walter Brune sein architektonisches Leitbild, nämlich die Erweiterung des Lebensraums in das landschaftliche Umfeld hinaus, in konsequenter Weise um.

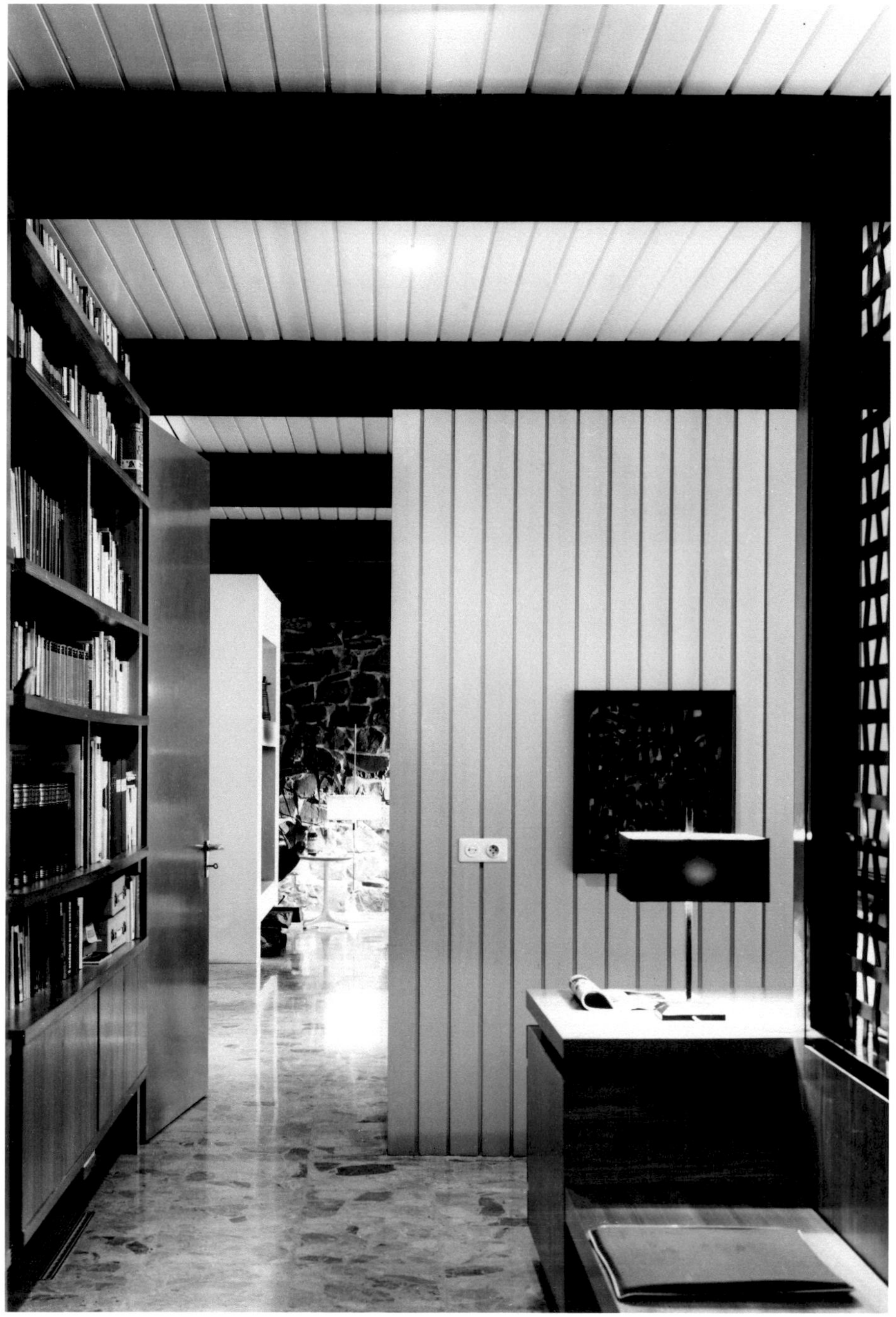

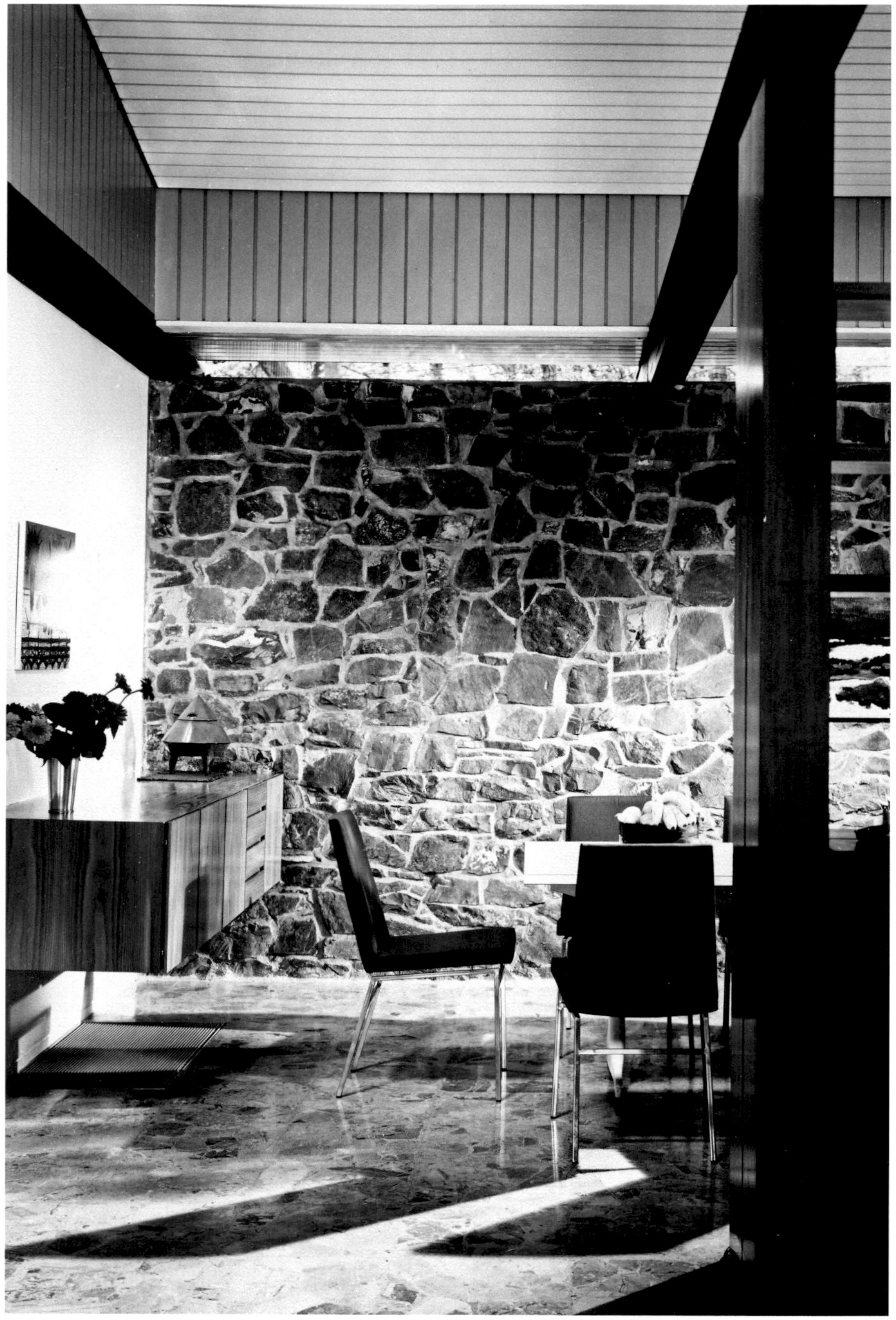

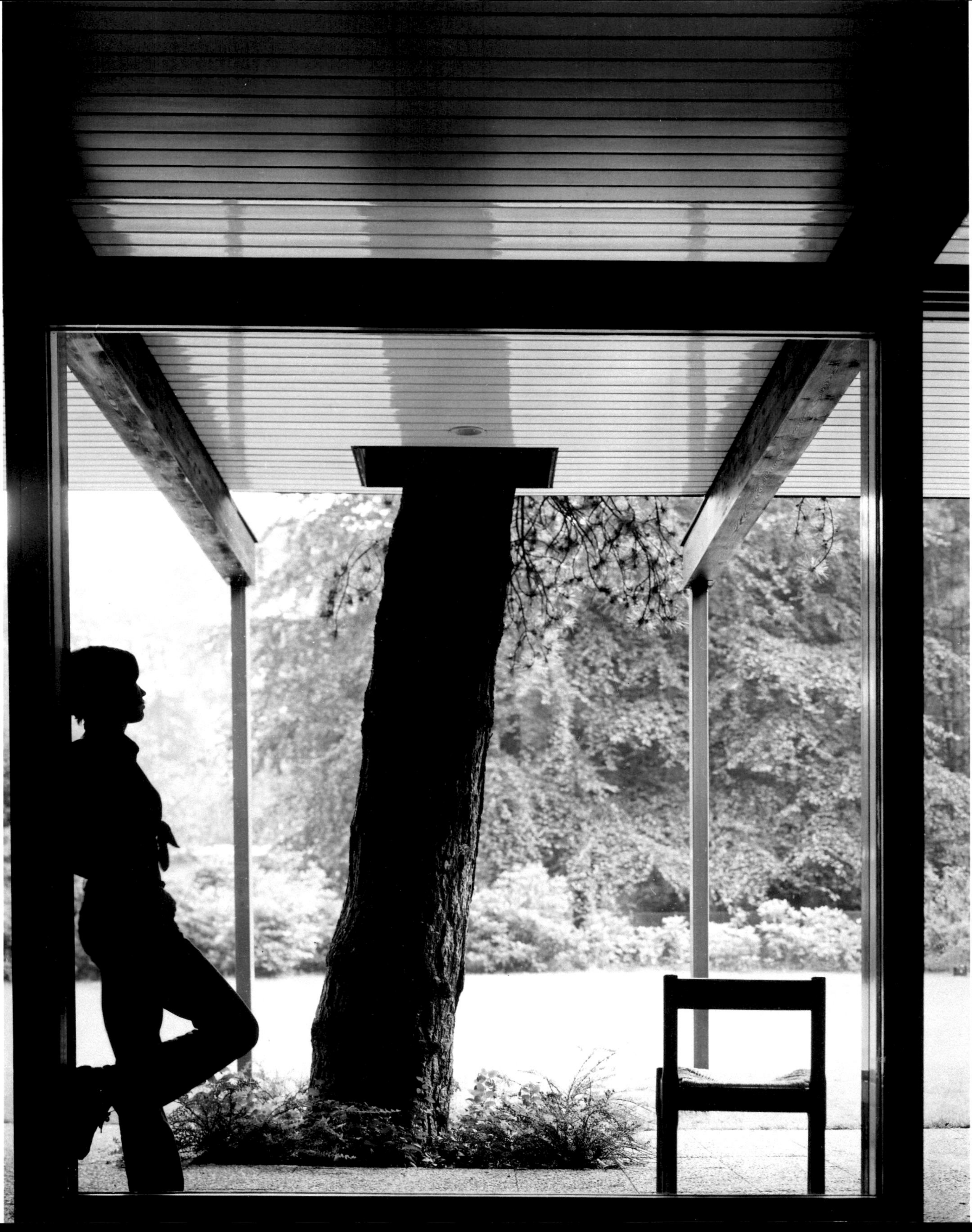

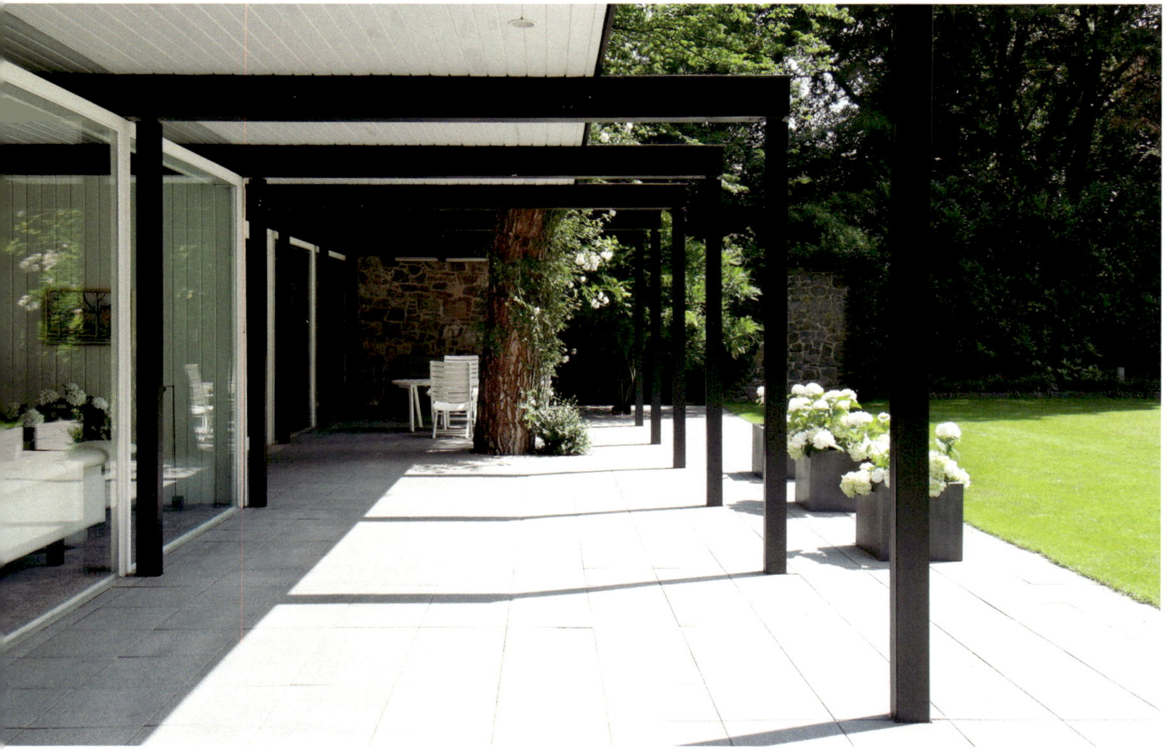

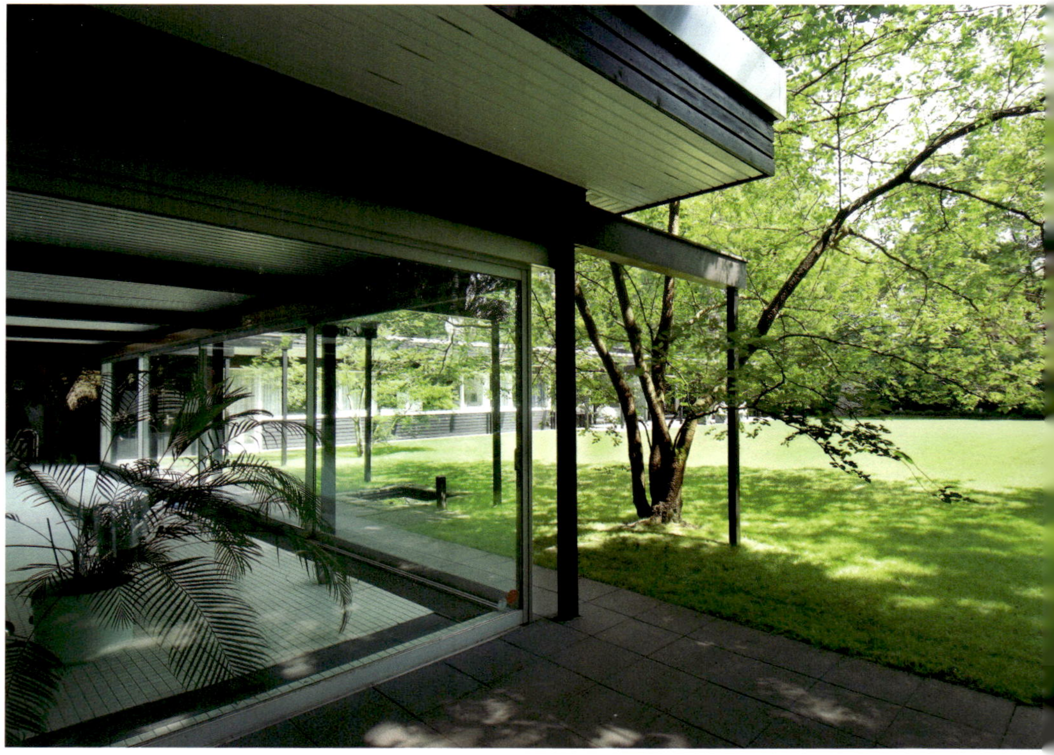

Maßstab 1:300

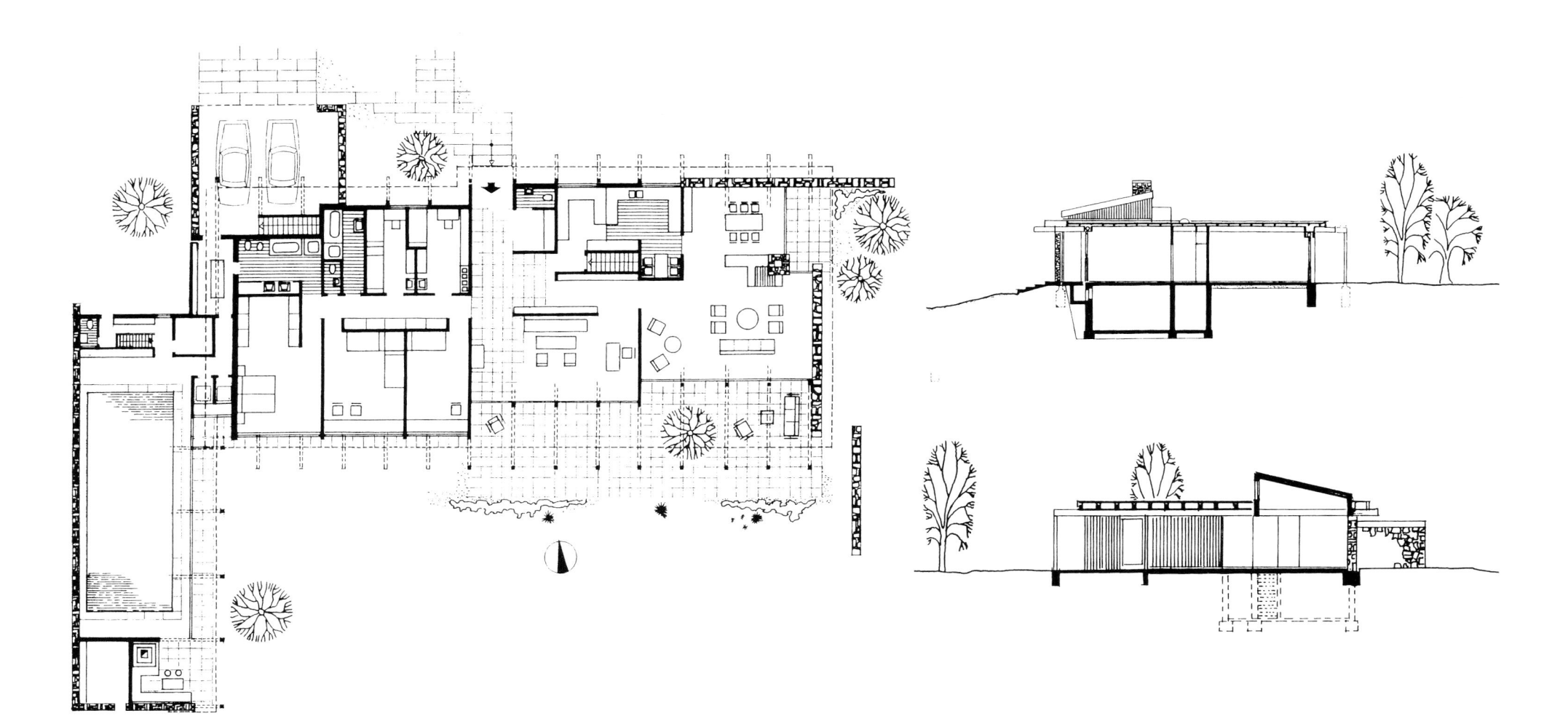

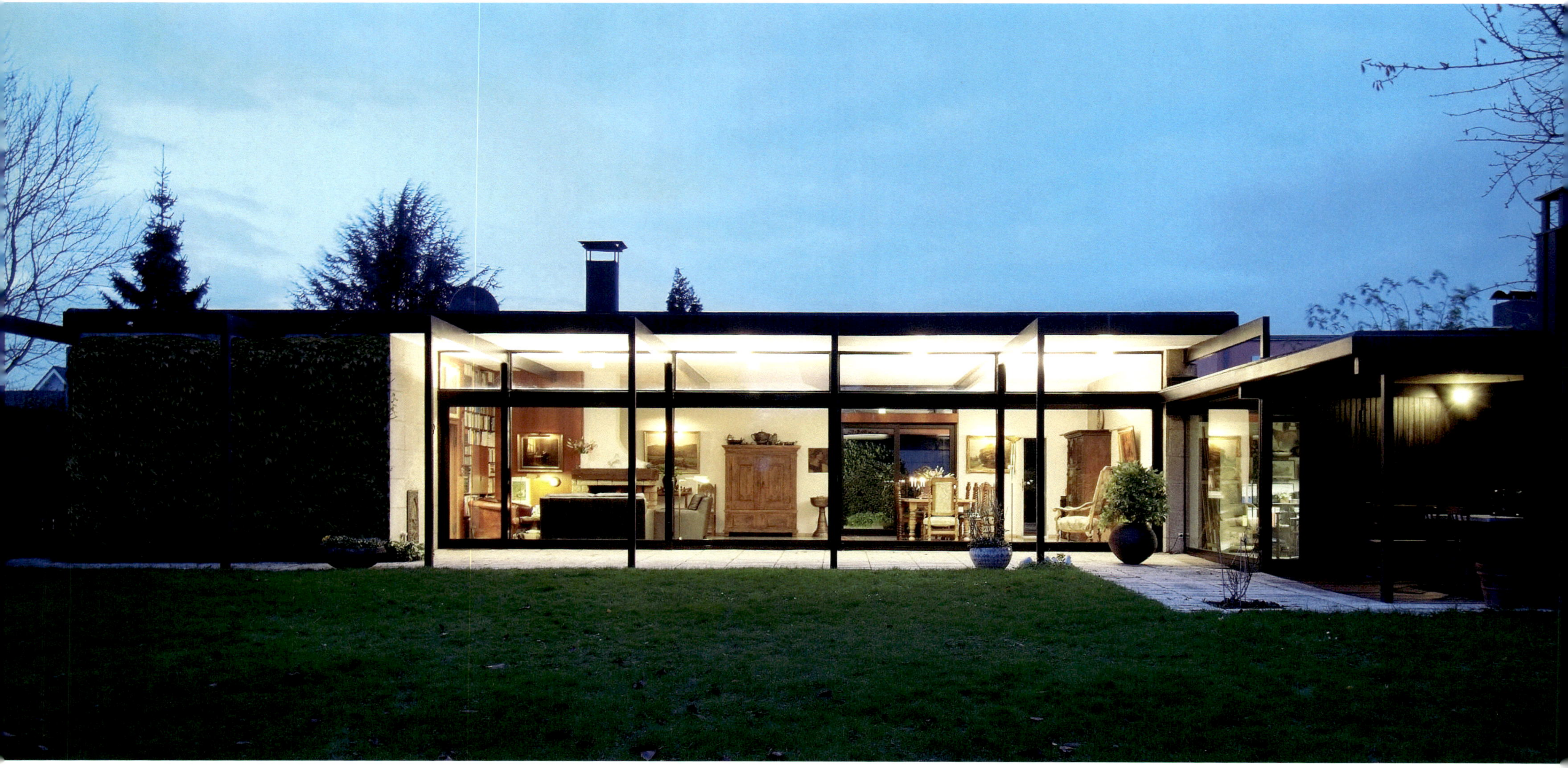

Haus Engler

Meerbusch-Osterath 1963–65, Erweiterung 1975

Auf einem schmalen Grundstück am südlichen Ortsrand einer Kleinstadt stand nur wenig Raum für das Haus einer vierköpfigen Familie zur Verfügung. Im Gegensatz zu den Konzeptionen für die großzügig bemessenen, inmitten eines Parks stehenden Bungalows war für diese Bauaufgabe ein gänzlich anderer Entwurfsansatz seitens Walter Brunes vonnöten. Hier musste ein architektonisch überzeugendes Bauwerk für ein großzügig bemessenes Raumprogramm auf einem schmalen, in Nord-Süd-Richtung ausgestreckten Grundstück untergebracht werden.

Aus der Not eine Tugend machend entwickelte Walter Brune das Haus in Form eines Doppel-T. Die Zufahrtstraße begleitend ausgerichtet begrenzt ein Querbau das Grundstück nach Norden. Hierin sind eine Doppelgarage, Technik- und Nebenräume untergebracht. Das eigentliche Wohnhaus erhält hierdurch eine Abschirmung zur Straße. Ein bauliches Pendant zu diesem Querbau nimmt auf der südlichen Seite die Küche sowie Ess- und Wohnräume in sich auf. Da die Raumbedürfnisse der Familie stiegen, erhielt dieser Bereich nachträglich durch einen schmalen Trakt entlang der östlichen Grundstücksgrenze eine Erweiterung. Zwischen diesen beiden Querbauten spannt sich ein Verbindungstrakt mit den Schlafräumen, Bädern und einem Arbeitszimmer, die allesamt nach Osten ausgerichtet sind. Über einen parallel zum Zwischentrakt geführten, überdachten Weg gelangt man an westlicher Seite des Grundstücks zum Hauseingang, der sich im Bereich des Übergangs des Zwischentrakts in den südlichen Kopfbau befindet. Auf der Ostseite des Grundstücks ist dem Zwischentrakt eine große Terrasse vorgelagert. Zum Nachbarn schützt eine Mauer diesen Bereich vor Einblicken. Dadurch entstand ein atriumähnlicher Hof, der direkt den Schlafräumen vorgelagert ist und in dem ein Außenschwimmbecken den Mittelpunkt

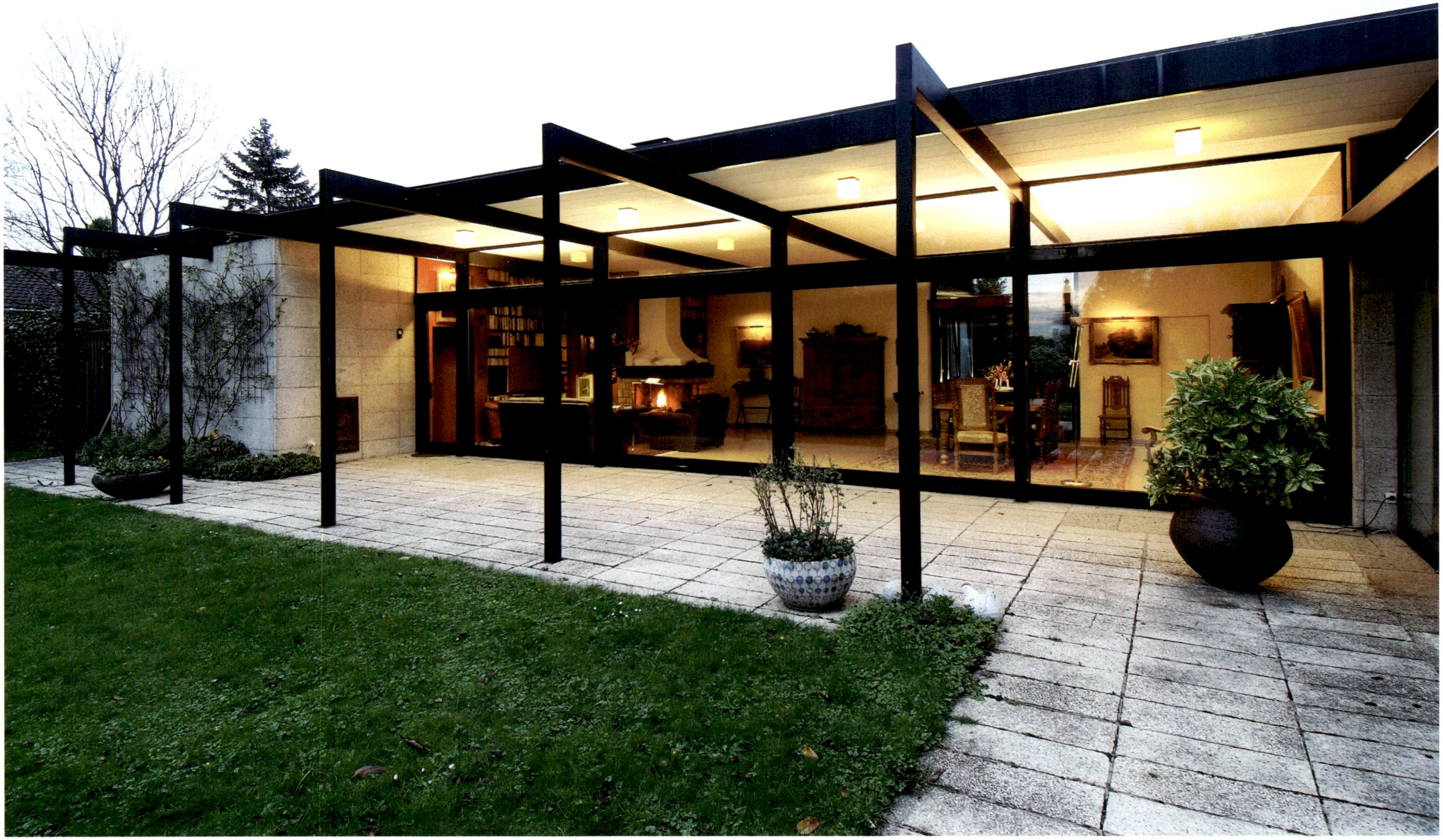

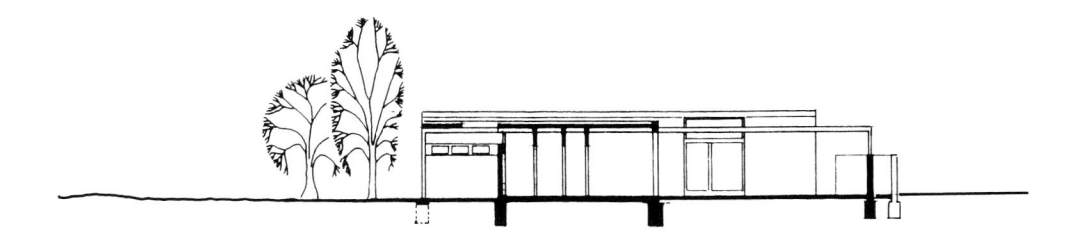

bildete. Deutlich ordnet sich dieser Bereich der orthogonalen Ordnung des Hauses unter und macht ihn so zu einem Wohnraum unter freiem Himmel, der sich bereits im Frühjahr aufgrund seiner geschützten und sonnigen Lage als Außenwohnraum nutzen lässt.

Nicht nur der geschickten Ausnutzung des Grundstücks, sondern auch der gesamten Gestaltung wegen könnte man dem Haus trotz seiner räumlichen Großzügigkeit das Attribut einer raffinierten *Kunst der Sparsamkeit* verleihen. Das Erscheinungsbild ist geprägt durch die filigrane Rahmenstruktur des stählernen Tragwerks und durch den spannungsreichen Kontrast zwischen völliger Transparenz und Geschlossenheit der Fassaden: hier die auf das Äußerste reduzierte Materialität der Stahl-Glas-Fenster, dort die Rustikalität der Kieselbetonplattenverkleidung.

Der Kontrast zwischen der dunkel gestrichenen Stahlkonstruktion einerseits und der weißen Deckenverschalung andererseits stellt die Konstruktion zur Schau und betont die damit verbundene Autonomie der baulichen Elemente. Indem die Stahlrahmen weit vor die Fassade in den Außenraum gezogen werden, wird der Innen-Außenraum-Gegensatz aufgehoben. Die Außen- und Innenräume fließen so ineinander. Der strengen Ordnung dieser Architektur unterwirft sich auch die Natur in Form niedrig wachsender Anpflanzungen in rechtwinklig eingefassten Beeten.

Beim Haus Engler folgte Walter Brune in seinem ästhetischen Ansatz ähnlichen Gestaltungsprinzipien, wie sie in der Architektur von Ludwig Mies van der Rohe oder Richard Neutra zu erkennen sind: baukünstlerische Strenge, funktionale Einfachheit und konstruktive Klarheit. Die raffinierte Anwendung dieser Prinzipien bei einem Wohnhaus auf so einem schmalen, schwierigen Baugrundstück machen das Haus Engler zu einem bemerkenswerten architektonischen Entwurf.

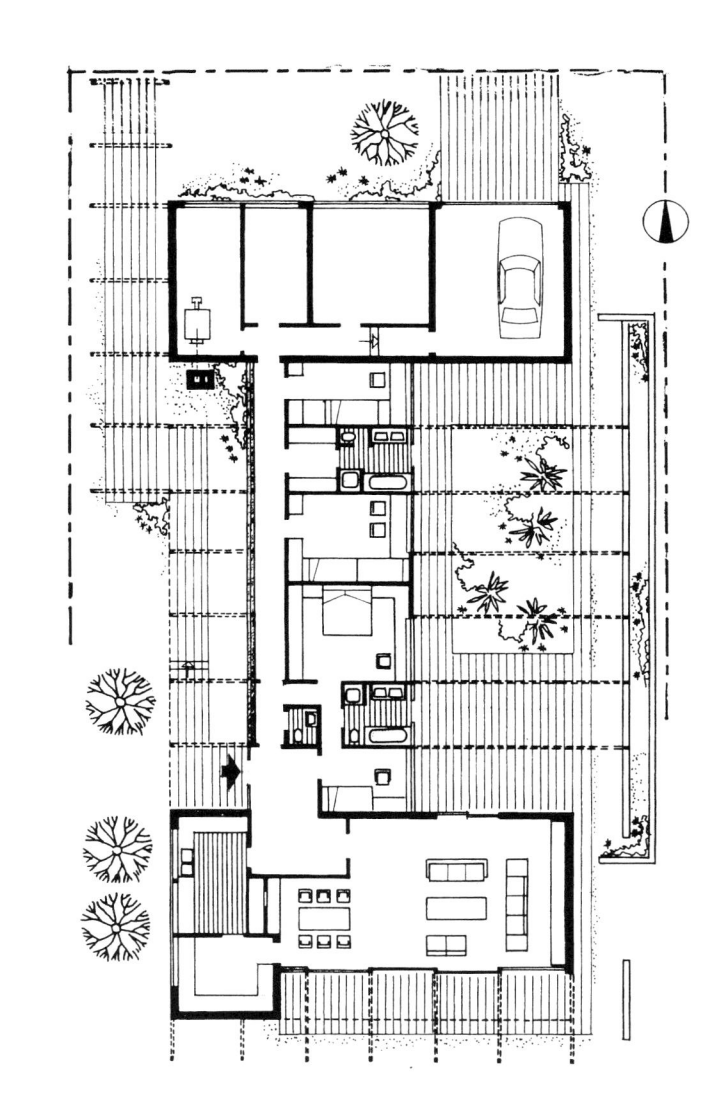

Maßstab 1:300

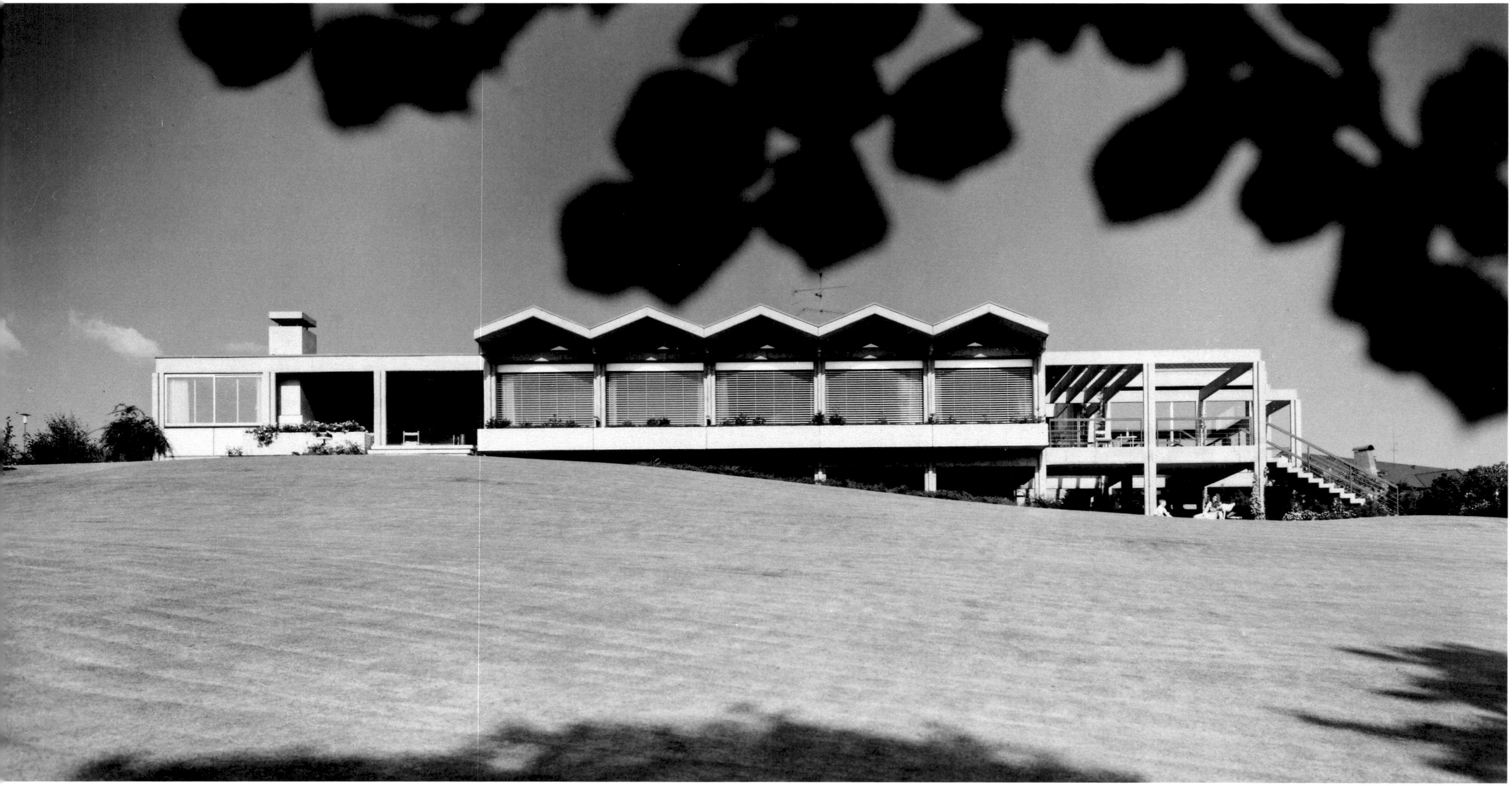

Haus Starke

Essen-Bredeney 1967–68

In Essens Sonnenzimmer, dem grünen und nach Süden zum Baldeney-See gewandten Bredeney wohnen – unweit der Villa Hügel – die *Upper Ten* der Industriemetropole. In den 1950er und 1960er Jahren wurde Walter Brune als architektonischer Geheimtipp einer vermögenden Klientel in diesem Viertel sozusagen herumgereicht. Man bediente sich seiner, um sich architektonische Visitenkarten errichten zu lassen. Es entstanden dabei Häuser, die sich von den ursprünglichen Vorstellungen der Bauherrenschaft deutlich unterschieden, gleichwohl die Bedürfnisse der Klientel vollständig respektierten. Viele seiner Häuser boten ihren Bewohnern eine Wohnkultur, die komplett mit den tradierten Wohnvorstellungen des noch jungen Nachkriegsdeutschland brach.

Für einen Kaufhauskonzern-Manager baute Walter Brune dieses Wohnhaus auf Stützen auf einem nach Süden stark abfallenden Hang. Die bauaufsichtlichen Forderungen verlangten nach einem geneigten Dach. Der Architekt zeigte sich in der Umgehung dieser Vorschrift äußerst erfinderisch. Aus der Not wurde eine Tugend: Walter Brunes Ausweg aus dieser gestalterischen Umklammerung war, die Dachfläche in eine Vielzahl einzelner Satteldächer aufzulösen. Die Rhythmik der kleinen Satteldächer wurde somit zu einem dominierenden Gestaltungsmittel, das in spannungsreichem Kontrast zu einer anderen Auffälligkeit des Hauses stand: nämlich einer unter weitgehender Verwendung von Betonfertigteilen errichteten rationalistischen Baustruktur.

Der Grundriss folgt einem strengen Ordnungsschema, einem quadratischen Raster, in dem die materiellen Bauelemente eingesetzt werden, dabei im Muster jedoch variabel bleiben. Ein wesentliches Motiv für dieses Entwurfsprinzip war die

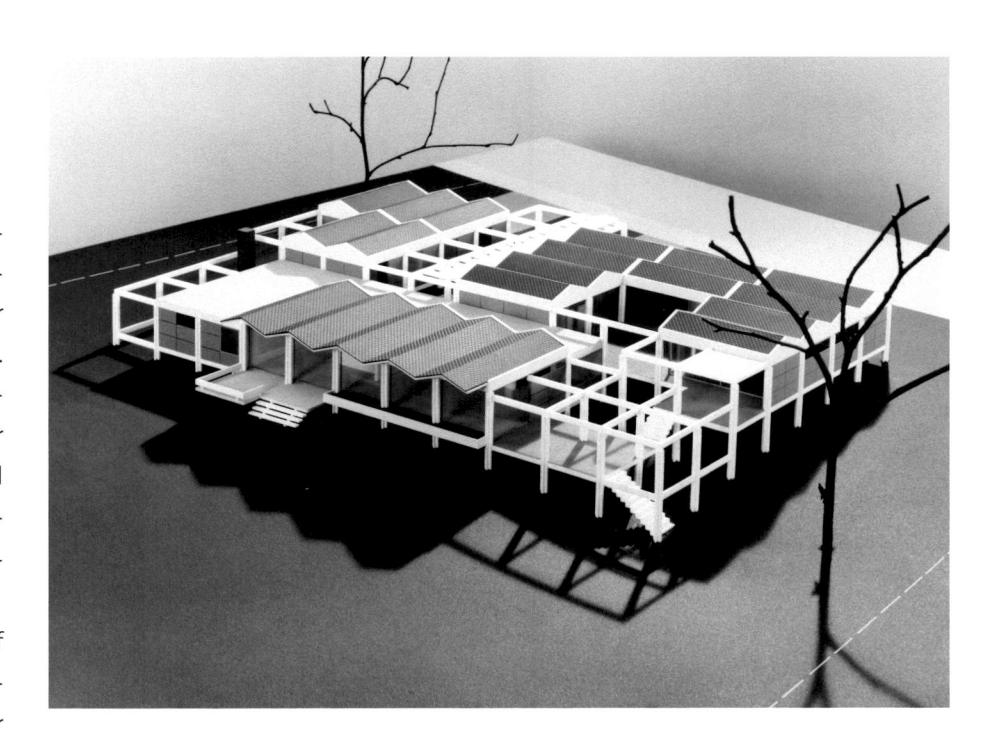

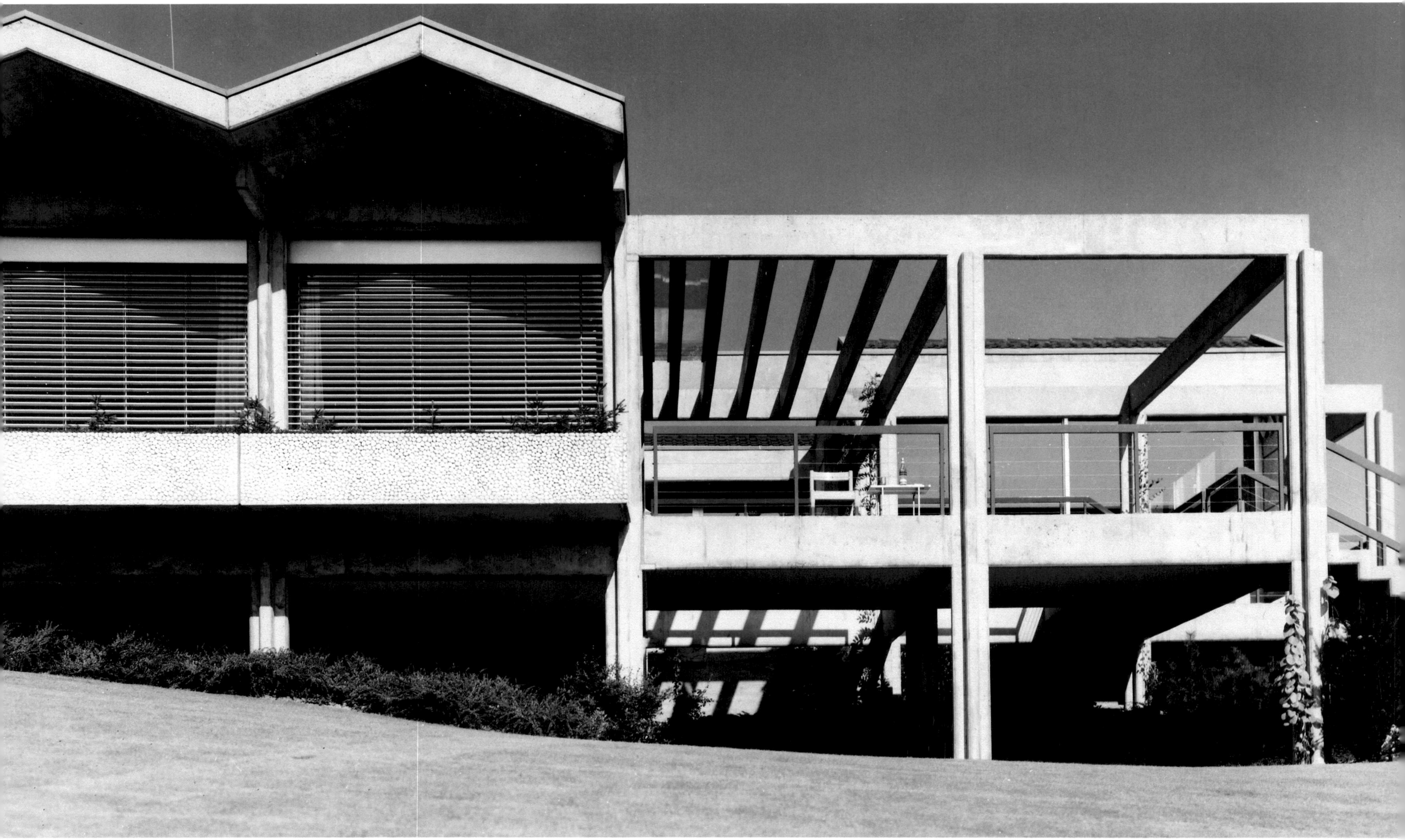

Forderung, das Haus den unterschiedlichsten Lebenssituationen künftig flexibel anpassen zu können. Die Architektur sollte über den Augenblick hinaus wirken. Einzige Fixpunkte des Hauses waren die Stützen und Balken des Tragskeletts, während sämtliche Bauteile dazwischen jederzeit problemlos geändert werden konnten.

Das Haus wird ebenerdig von der Straße über einen tief in das Hausinnere hineinragenden Innenhof erschlossen, sodass schon hier unter freiem Himmel den Bewohner wie dem Besucher ein Gefühl der Privatheit, ja der Intimität beschleicht. Zu beiden Seiten liegen hier die Schlafbereiche: zur Linken die um ein bepflanztes Atrium gruppierten Eltern- und Kinderzimmer, denen sich ein überdachtes Schwimmbad anschließt, auf der rechten Seite Gäste- und Personalzimmer, eine Einliegerwohnung sowie die nach Norden gelegenen Wirtschafts- und Nebenräume. Der Wohnbereich setzt sich aus drei Räumen zusammen: dem Essraum, dem Wohnraum und einem Studio. Der Essraum lässt sich auf breiter Front mittels einer flexiblen Wand zum großzügigen Wohnraum hin öffnen.

Nach Süden ist dem Wohnraum und dem Studio eine offene Sonnenterrasse vorgelagert, von der man einen weiten Blick in die hügelige, unbebaute Wald- und Wiesenlandschaft der Umgebung genießen kann. Wie hier unschwer z.B. anhand des Geländerdetails zu erkennen ist, beabsichtigte der Architekt an die Atmosphäre des Sonnendecks eines Ozeandampfers zu erinnern. Diese Assoziation an solche Motive ist in der Architektur der Moderne nicht ungewöhnlich. Für die Wohnhäuser Walter Brunes ist sie es dagegen schon. Dem Essraum ist auf der Westseite eine dreiseitig geschützte, überdachte Terrasse mit einem Außenkamin angegliedert, die auch bei ungünstigerer Witterung benutzbar ist. Freitreppen führen an drei Stellen des Hauses in das tiefer liegende Gartengelände.

Um das weitläufige Haus von dem hügeligen Untergrund zu befreien, wurde es aufgeständert. Ein tragendes Betonskelett mit kreuzförmigen Fertigteilstützen bildet das Konstruktionssystem, in das Betonfertigteile der Wände eingehängt sind. Der Gefahr einer Uniformität der Architektur durch die Wiederholung seriell hergestellter Fertigbauteile begegnete Walter Brune mithilfe der Ausfachung der Wandfelder durch unterschiedliche Materialien wie Kalksteinziegel außen und gespachtelte Gipsdielen innen, zu denen außen wie innen vereinzelt Wandfelder mit bunten keramischen Platten kontrastierten. Ein Überzug der Betonfertigteilelemente mit weißem Carrara-Kieselvorsatz verlieh dem Gebäude ein dauerhaftes und edles Antlitz. Somit konnte das ermöglicht werden, was vielen Bauten aus Sichtbeton häufig verwehrt ist: eine Alterung in Würde.

Äußerlich wird das Gebäude von zwei Kontrasten geprägt. Zum einen ist da der Kontrast zwischen dem strengen vertikalen Ordnungsschema der direkt aus dem gewachsenen Boden aufsteigenden Stützen und der horizontal verlaufenden, abfallenden Geländelinie. Der andere Kontrast wird durch den Zickzack-Rhythmus der kleinen Satteldächer zur strengen orthogonalen Gliederung des Tragskeletts bestimmt.

Walter Brune wies hinsichtlich der schlichten Straßenfassade (Ostseite) darauf hin, dass diese unprätentiöse Einfachheit bewusstes Anliegen seiner Gestaltung sei. Es handele sich hier nicht um „ein Haus mit einer *schönen Fassade*, sondern um ein Haus, welches von innen heraus erlebt werden muss." Von dieser Perspektive aus gesehen, ließ es keinen Wunsch offen. „Es ist konstruktiv, praktisch, wohnlich und frei von übertriebenen Architekturreferenzen."

Mit dem Haus Starke erschloss sich der Architekt ein neues architektonisches Terrain: nämlich den Strukturalismus. In diesem Gebäude zeigt sich die Struktur des Hauses darin, dass es als ein Ganzes von Beziehungen einzelner ähnlicher baulicher Elemente angesehen werden kann. Die einzelnen Elemente sind zwar auswechselbar, können sich verändern, die Beziehungen dieser Elemente zueinander können dies jedoch nicht. Die Beziehungen der Elemente untereinander werden in dieser Architekturauffassung somit wichtiger als die architektonischen Elemente selbst. Auf viele der Elemente, die bisher die Brune'schen Wohnhäuser prägten, wurde bei diesem Haus bewusst verzichtet (Wandscheiben, Bruchsteinmauerwerk etc.), um so konsequent neue Gestaltungsprinzipien in einen neuen Typus von Wohnhaus umzusetzen. Diese Architektur sollte flexibel sein, offen für eine Weiterentwicklung durch den Nutzer, die eigene Initiative stimulieren, ihr aber auch einen Rahmen geben. So weist das Haus Starke einen betont egalitären, nicht hierarchischen Aufbau auf. Strukturalismus ist Ausdruck eines äußerst demokratischen Verständnisses von Architektur, in der das Prozesshafte betont wird. Die Ordnungsmuster spiegeln somit menschliches Verhalten wider und sind vergangenem und gegenwärtigem Baugeschehen vorgegeben. Für Walter Brune war gerade dieses Haus in mehrfacher Hinsicht ein Experiment: zum einen ein Einfamilienhaus mit Fertigteilen zu gestalten, zum anderen eine hohe Flexibilität des Grundrisses zu ermöglichen sowie eine sehr

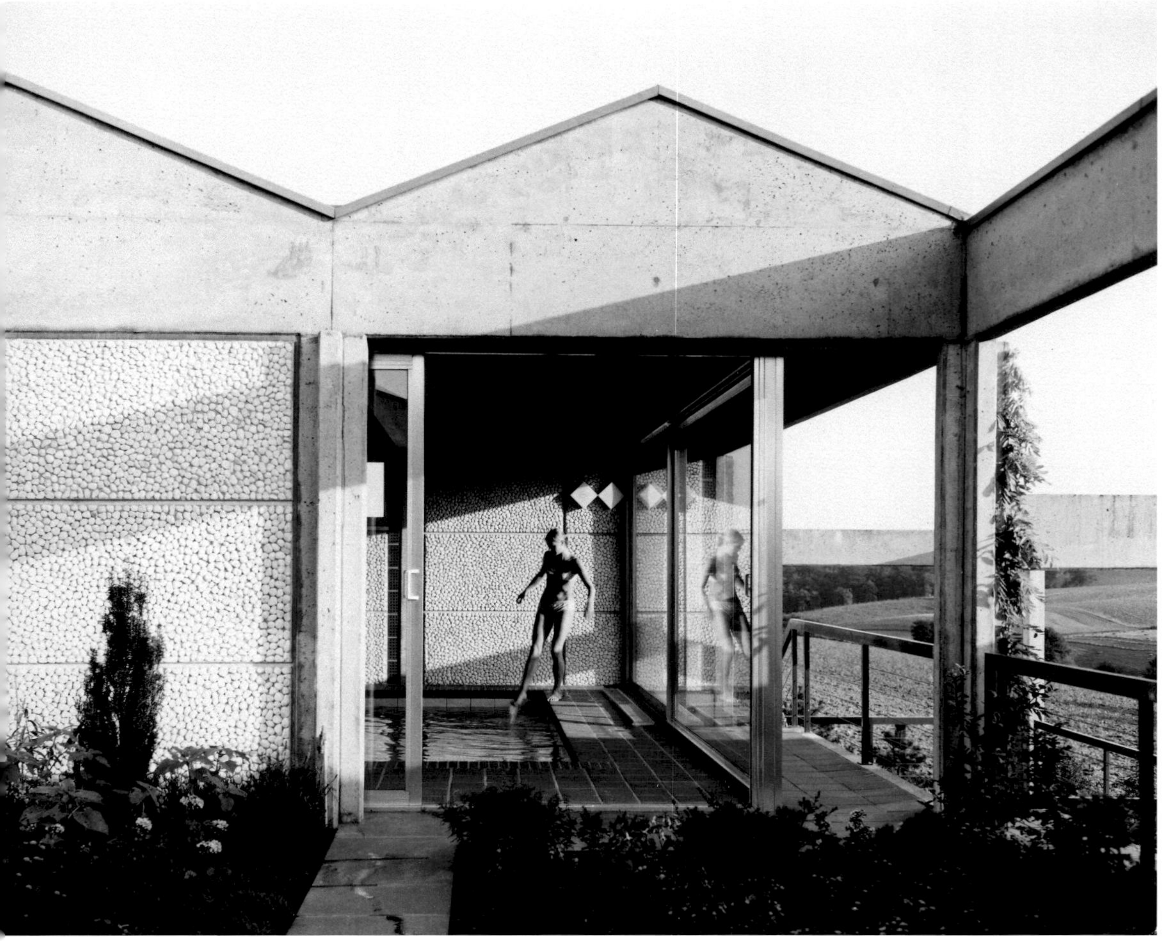

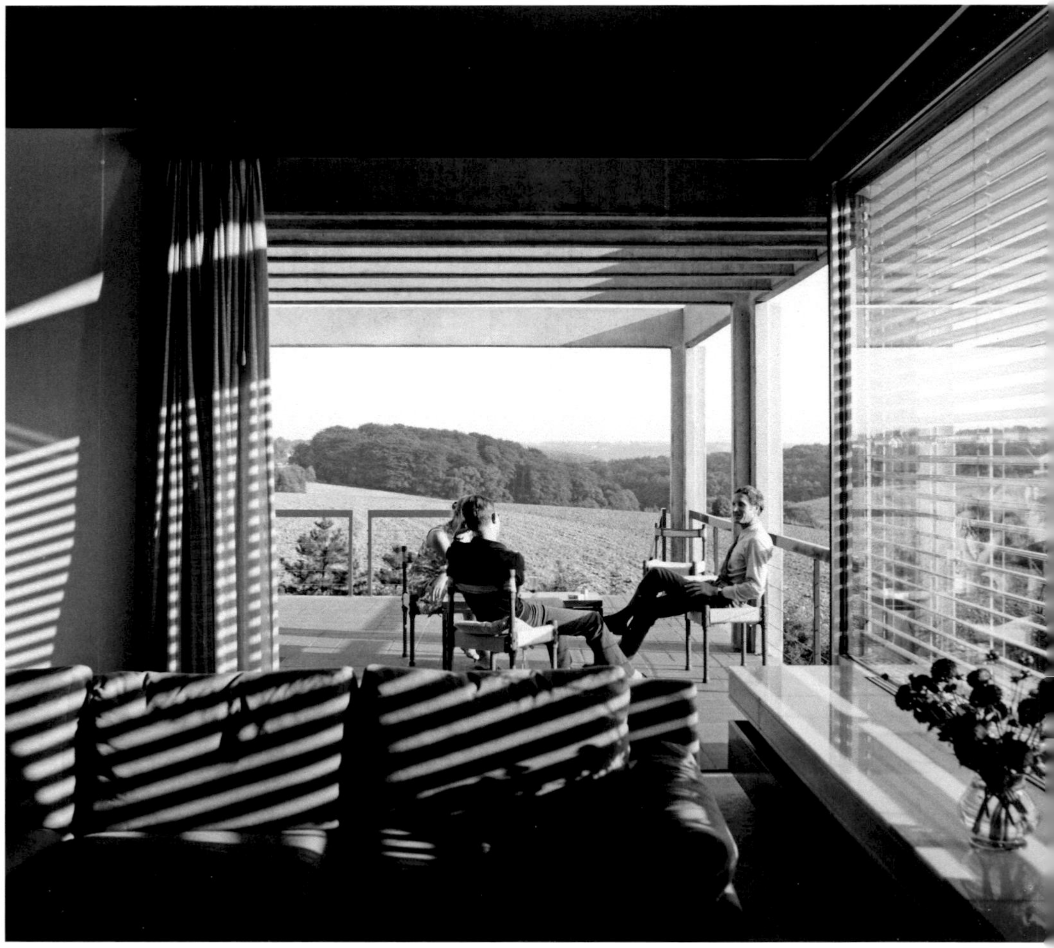

kurze Bauzeit vor Ort zu erzielen. So unternahm Walter Brune beim Haus Starke letztlich den Versuch, eine Neuorientierung seiner bis dahin gewohnten Gestaltungsprinzipien vorzunehmen. Das gelungene Wohnexperiment zeigt sehr deutlich, dass Walter Brune sich trotz wiederkehrender Gestaltungselemente nie auf ein Gestaltungsprinzip festlegen wollte oder an eines gebunden fühlte. Lieber schlug er neue, unbekannte Wege ein.

Das Haus Starke ist sicherlich eines der bedeutendsten architektonischen Beispiele strukturalistischer Architektur in Deutschland. Die Tragik dieses Hauses ist die, dass sein architektonischer Wert nicht früh genug erkannt wurde. Die nachfolgende Eigentümergeneration fand keinen Zugang zu dieser architektonischen Kunst. So wurde das Haus nach dem Ableben des Bauherrn und seiner Frau abgerissen, um einer neuen renditeträchtigen Bebauung mit Geschosswohnungsbau für Eigentumswohnungen zu weichen.

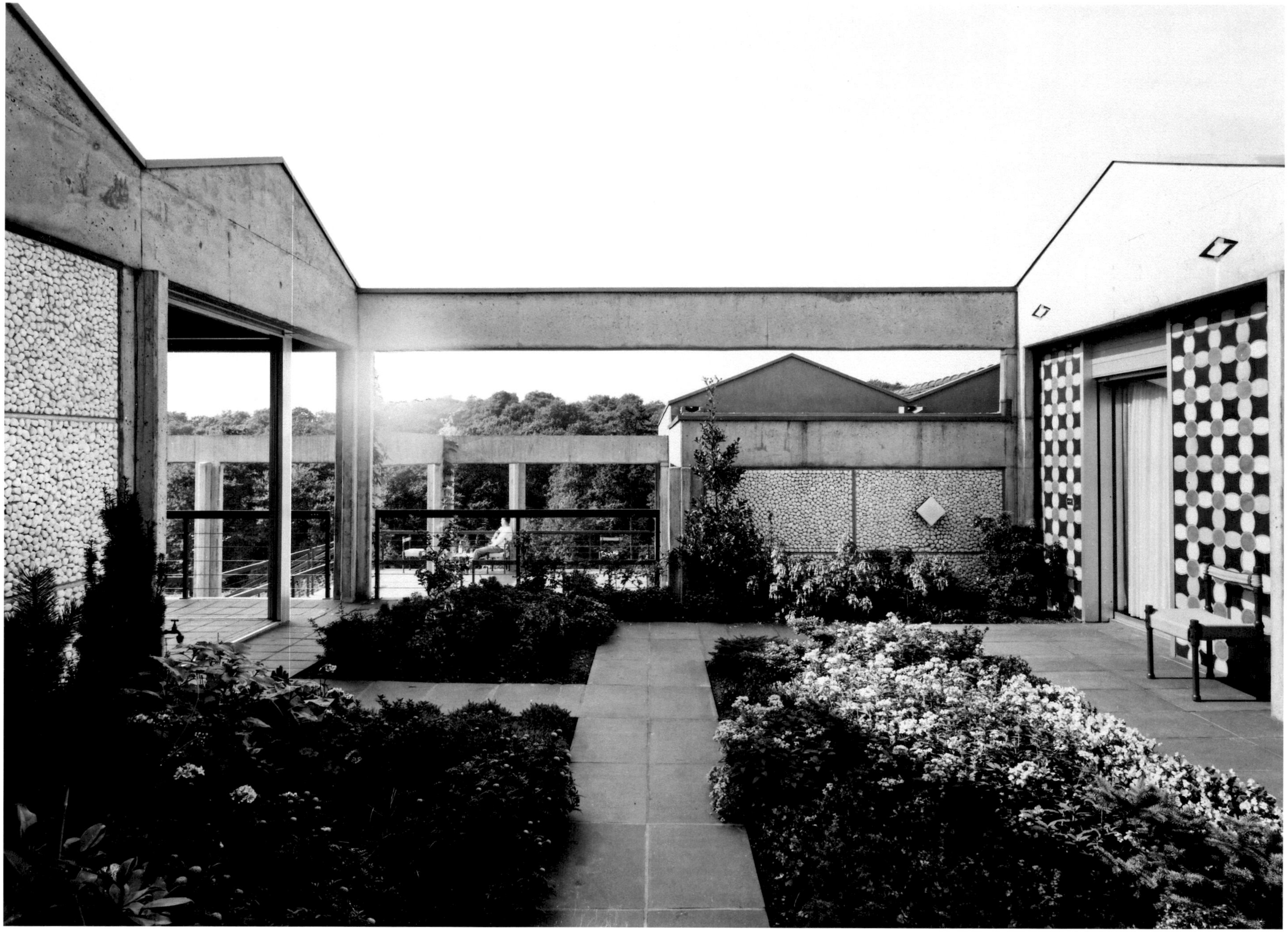

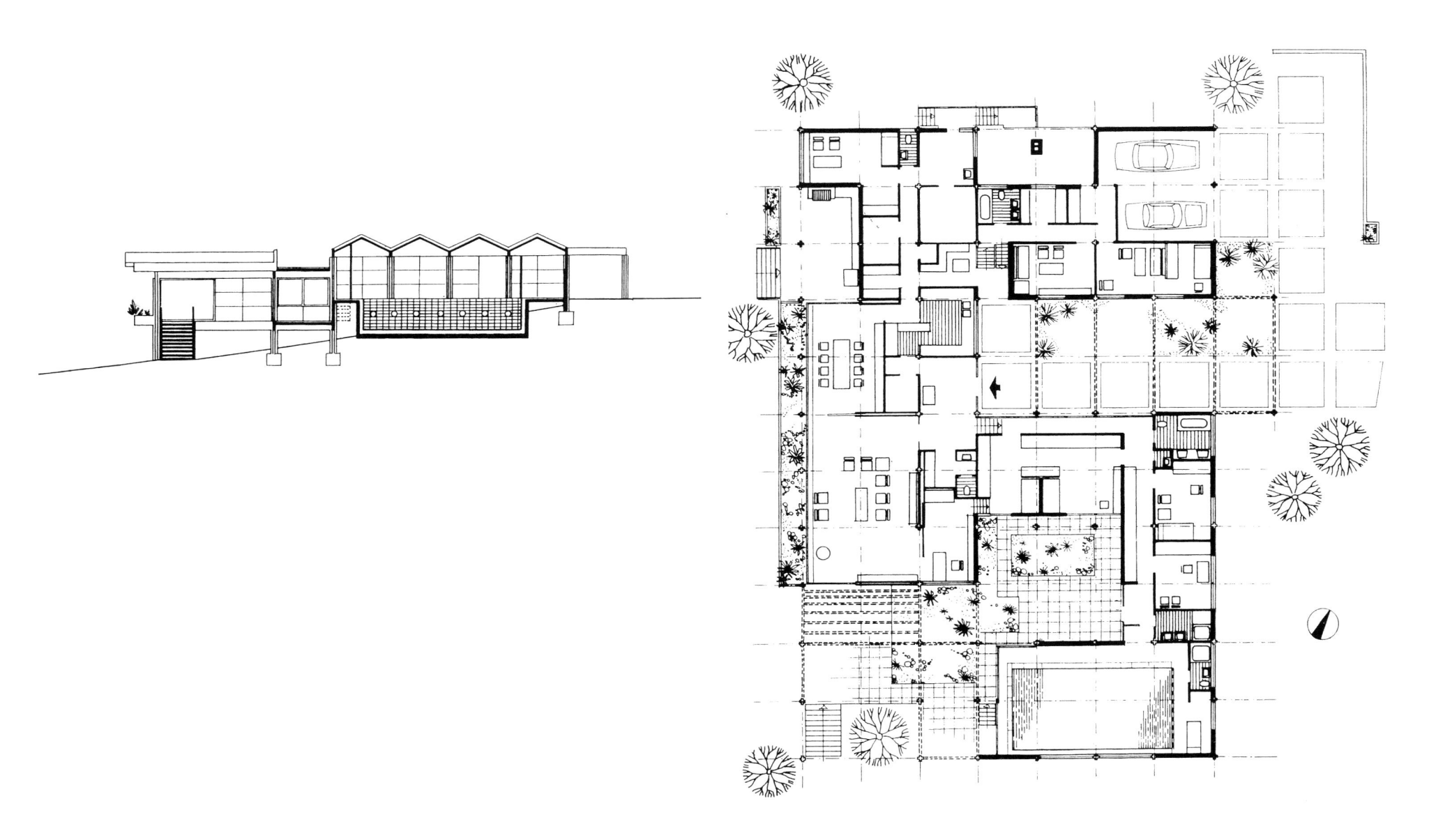

Maßstab 1:300

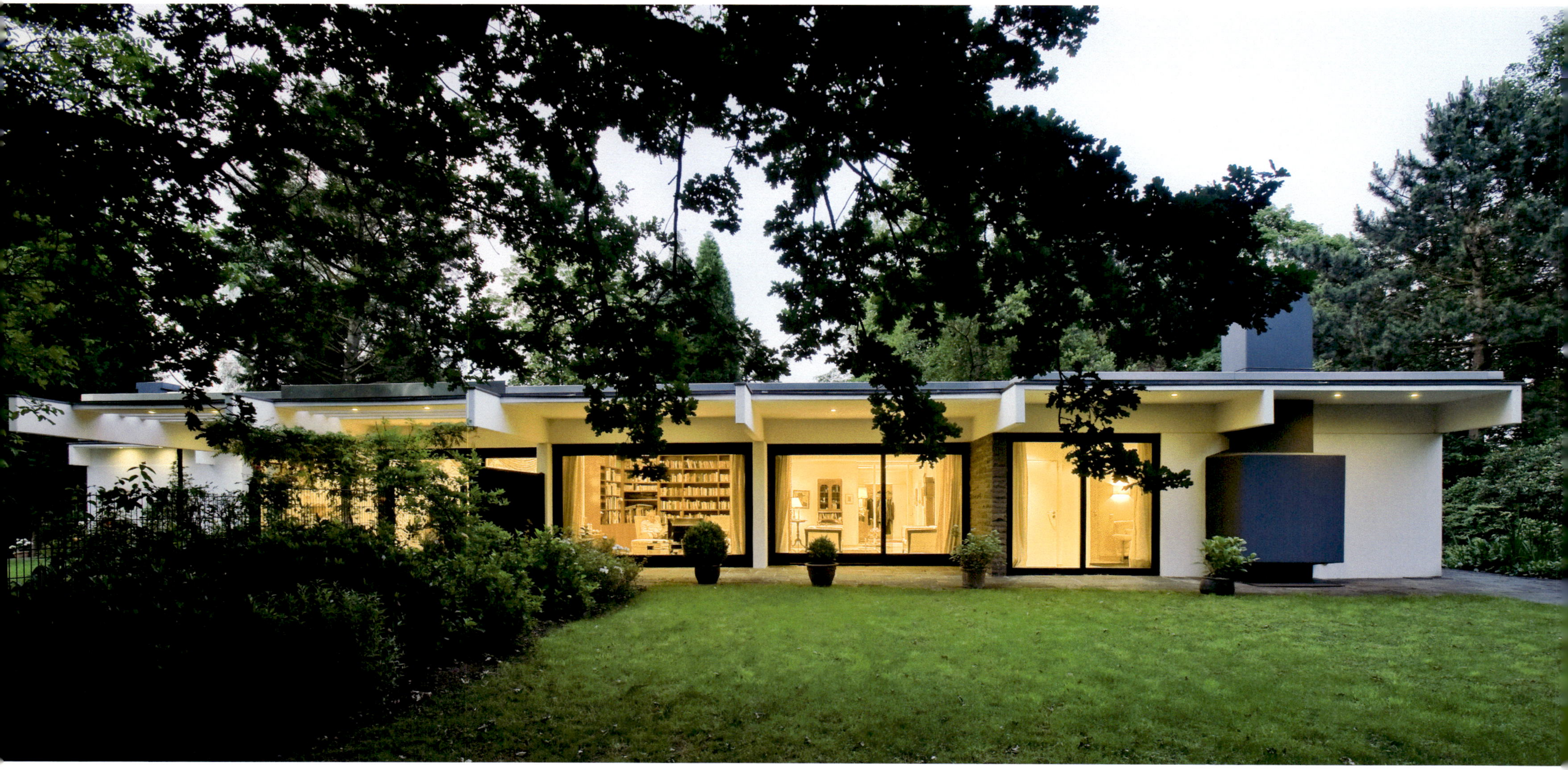

Haus Leendertz

Krefeld 1969–70

Nur einen Steinwurf weit entfernt von Mies van der Rohes Krefelder Villen, den Häusern Lange und Esters, errichtete Walter Brune für einen Unternehmer ein Wohnhaus in der besten Wohnlage der Stadt. Die Zufahrt erfolgt von Süden, von einer an dieser Stelle als Anger aufgeweiteten Allee. Das Grundstück selbst verfügt wie die benachbarten parkähnlichen Villengrundstücke über einen großartigen Baumbestand. Aufgrund der lokalen Gegebenheiten wurde das Haus in Nord-Süd-Richtung ausgerichtet. Fußweg und Zufahrt sind voneinander separiert. Ein Fassadenvorsprung akzentuiert den Zugang an der Ostseite des Hauses. Der Windfang dient als Verteiler zwischen dem Wohnhaus und einer integrierten Einliegerwohnung.

Der nach Westen orientierte Wohnbereich ist überaus großzügig angelegt. Der Essraum kann mittels einer großen Schiebetür vom Wohnraum geöffnet werden. Ebenso lassen sich die Räume zum Garten hin durch breite Glasschiebetüren öffnen. Ein Sitzbereich um einen Außenkamin auf einer überdachten Außenterrasse ergänzt die zum Garten in unterschiedlichen Tiefen gestaffelte *Wohnlandschaft*. Der Schlafbereich ist strikt von dem offenen Wohnbereich des Hauses separiert, jedoch gleichfalls nach Westen zum Garten ausgerichtet.

Gestalterisch knüpfte Walter Brune beim Haus Leendertz gut eineinhalb Jahrzehnte nach Errichtung des Barbarahofs an bauliche Elemente seines eigenen Wohnhauses an. In erster Linie wird dies in der Ausbildung des Daches deutlich. Wie beim gestalterischen Vorbild ruht das nach innen geneigte Flachdach auf schmalen Plattenbalkenträgern, die nicht nur weit vor die Fassadenebene gezogen sind, sondern partiell sogar unterhalb der Dachplatte hervortreten. Wie beim Barbarahof präsen-

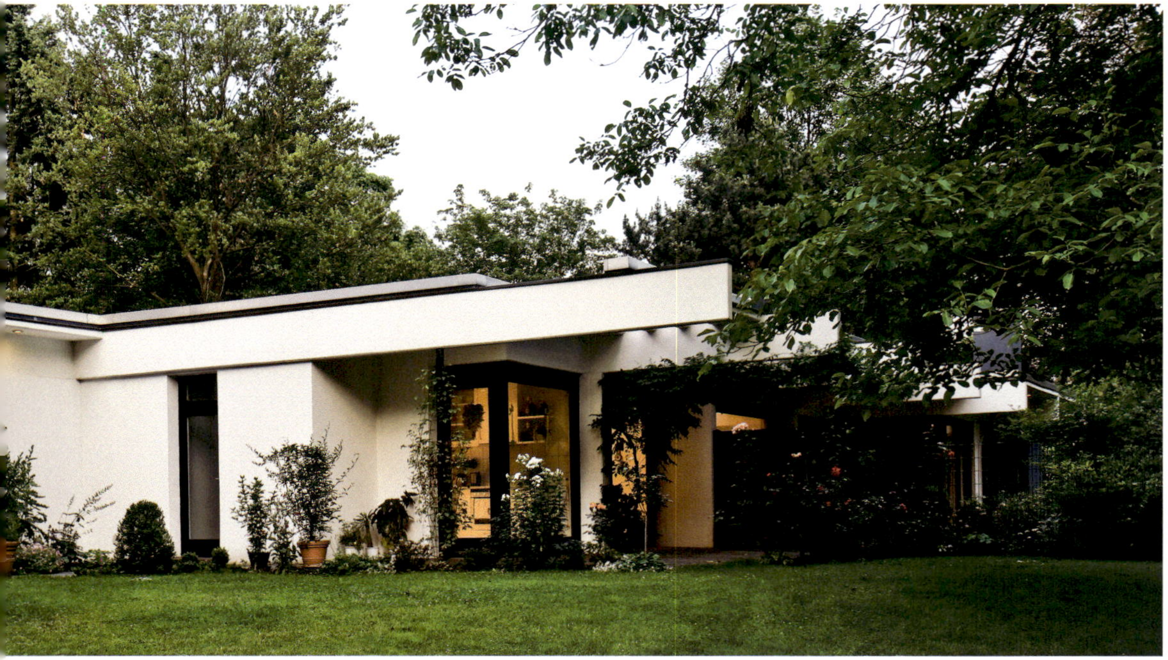

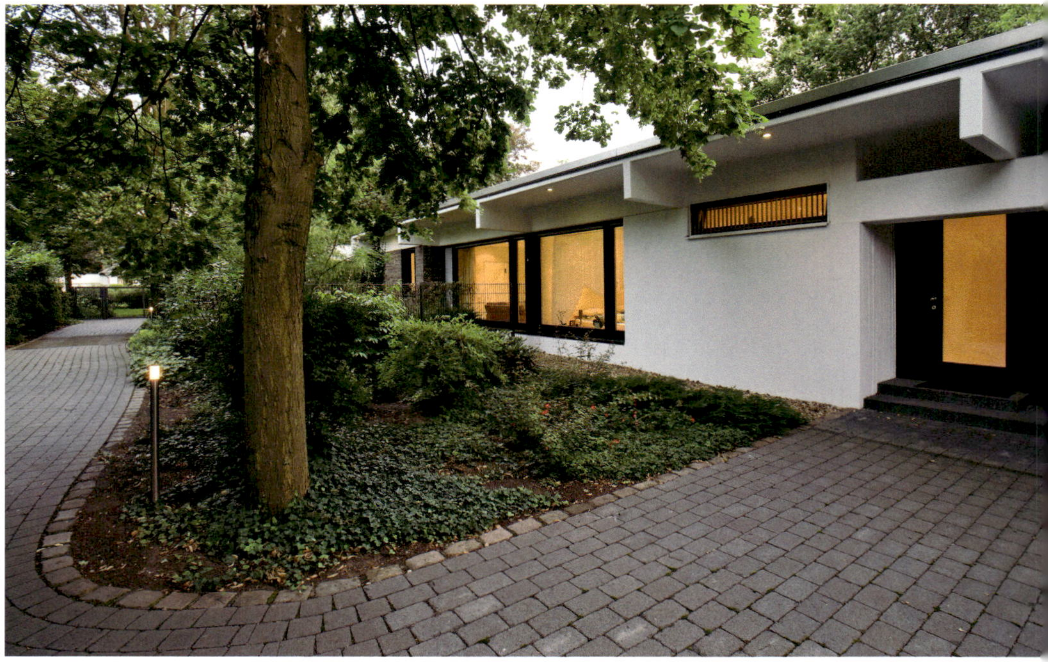

tiert sich auch hier der Sonnenschutz in Form einer weit auskragenden und mit breiten Schlitzen versehenen Dachplatte.

Die Verwendung von Naturstein ist beim Haus Leendertz mehr dekorativer Natur als bei den anderen Wohnhäusern des Architekten. Hier setzt das Material eher einen Akzent im vorgegebenen konstruktiven Rahmen, um beispielsweise den Eingang zu betonen, als dass das bauliche Element selbst durch das Material hervorgehoben wird. Von einer Autonomie der Elemente, wie sie in den früheren Häusern zu verzeichnen war, kann im Haus Leendertz nicht mehr die Rede sein. Bis auf die Natursteinwand zwischen Wohnraum und dem Sitzbereich auf der Terrasse treten die anderen Wände an der Westseite gestalterisch in den Hintergrund. Eine Erhöhung des Daches über dem Eingangsbereich verleiht diesem Raum nicht nur eine angenehme Belichtung, sondern betont das Entree in besonderer Weise, was dem Haus insbesondere in der Fernansicht vom Straßenanger einen wohltuenden Akzent verleiht.

Beim Haus Leendertz sind zwar noch Gestaltungsprinzipien zu erkennen, die Walter Brune schon bei seinen frühen Bungalows verfolgte, jedoch weist die Tektonik der aus Beton gegossenen Bauteile in Richtung einer Fertigbauweise hin, wie der Architekt sie in zahlreichen Großprojekten in diesen Jahren verwirklichte. Wenngleich Walter Brune noch weitere private Wohnhäuser plante, stellt das Haus Leendertz gemeinsam mit dem Haus Josef Brune so etwas wie den Abschluss seiner Bungalow-Architektur dar. Walter Brunes Traumhäuser sind in bestem Sinne zeitlos und damit klassisch. Sie sind einerseits streng funktional, fügen sich andererseits in die lokalen Gegebenheiten des Ortes ein. Da sie im Grunde keinem Zeitgeist folgen, könnte man die Häuser auch heute noch genauso bauen. Für die Umsetzung weiterer individueller Wohnträume fehlte dem Architekten aufgrund weltweiter Bauaktivitäten in einem Großbüro ab den 1970er Jahren die Zeit, den notwendigen persönlichen Einsatz für derartige Bauaufgaben zu finden. Außerdem wurde es immer schwieriger, innerhalb einer zunehmend zersiedelten Landschaft große, weitläufige Grundstücke zu finden, auf denen sich individuelle Wohnträume im Einklang mit der Landschaft verwirklichen ließen.

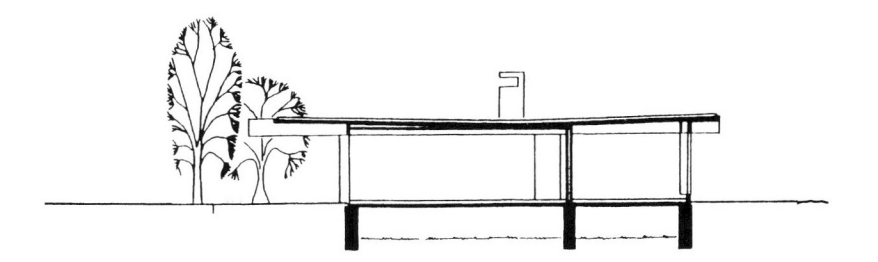

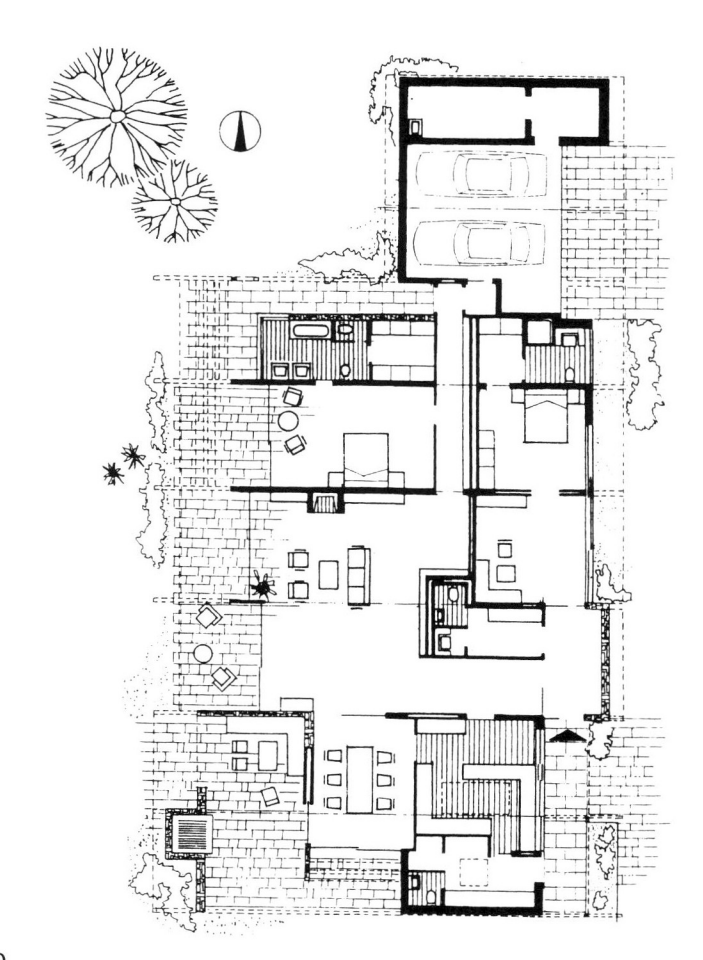

Maßstab 1:300

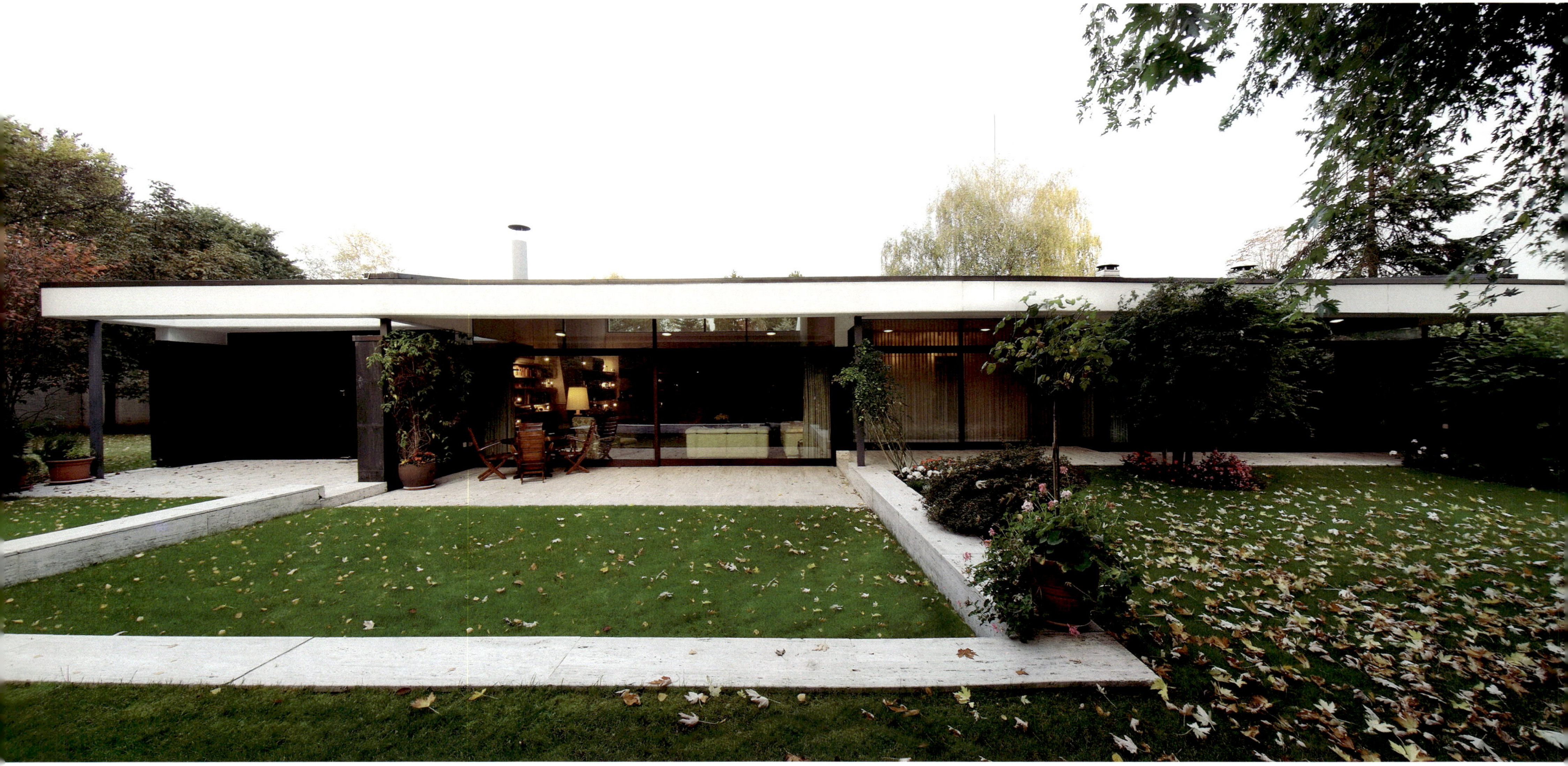

Haus Josef Brune

Düsseldorf 1971–72

Für seinen Bruder und dessen Familie baute Walter Brune dieses Haus im Norden von Düsseldorf in einem stark durchgrünten Einfamilienhausgebiet. Das Haus steht auf einem Endgrundstück an einer Sackgasse, an der sich die Häuser mit geringem Abstand zueinander aneinanderreihen. Ein dicht mit Bäumen bepflanzter Grünstreifen begrenzt das Wohngebiet nördlich, unmittelbar an das Grundstück angrenzend.

Der Grundriss des Hauses ist nahezu quadratisch und klar strukturiert und zwar in doppelter Hinsicht: So orientieren sich die kleinen, *dienenden* Räume wie Bäder, Küche und Wirtschaften sowie die kleineren Schlafräume zur Straße nach Osten, während die größeren Wohn- und Schlafräume und ein Schwimmbad zum Garten nach Westen orientiert sind. Zu dieser Ordnung in Querrichtung gesellt sich in der Längsrichtung des Hauses eine symmetrisch aufgebaute Dreiteilung. Diese Gliederung folgt dem funktionalen Aufbau des Hauses in einen Wohn- und Essbereich mit Küche sowie einen Bereich, der ein Schwimmbad und kleinere Individualräume aufnimmt. Beide Bereiche werden von einem schmaleren Zwischenbereich getrennt, der die Eingangsdiele und den Schlafraum mit Ankleideraum beinhaltet. Unmittelbar nördlich des Wohn- und Essbereichs schließt sich eine dem gesamten Baukörper untergeordnete schmale Zone mit einer Garage und Nebenräumen an. Der Wohnraum ist im Vergleich zum Niveau des restlichen Hauses abgesenkt. Dieser Höhenversprung setzt sich im Garten in Form einer steinern eingefassten Umrandung fort, sodass der Wohnraum somit eine Fortsetzung im Außenraum erfährt.

Die Art und Weise der Belichtung der Räume mit natürlichem Tageslicht macht — neben der Verwendung von edlen Materialien wie Schiefer, Marmor und Edelstahl —

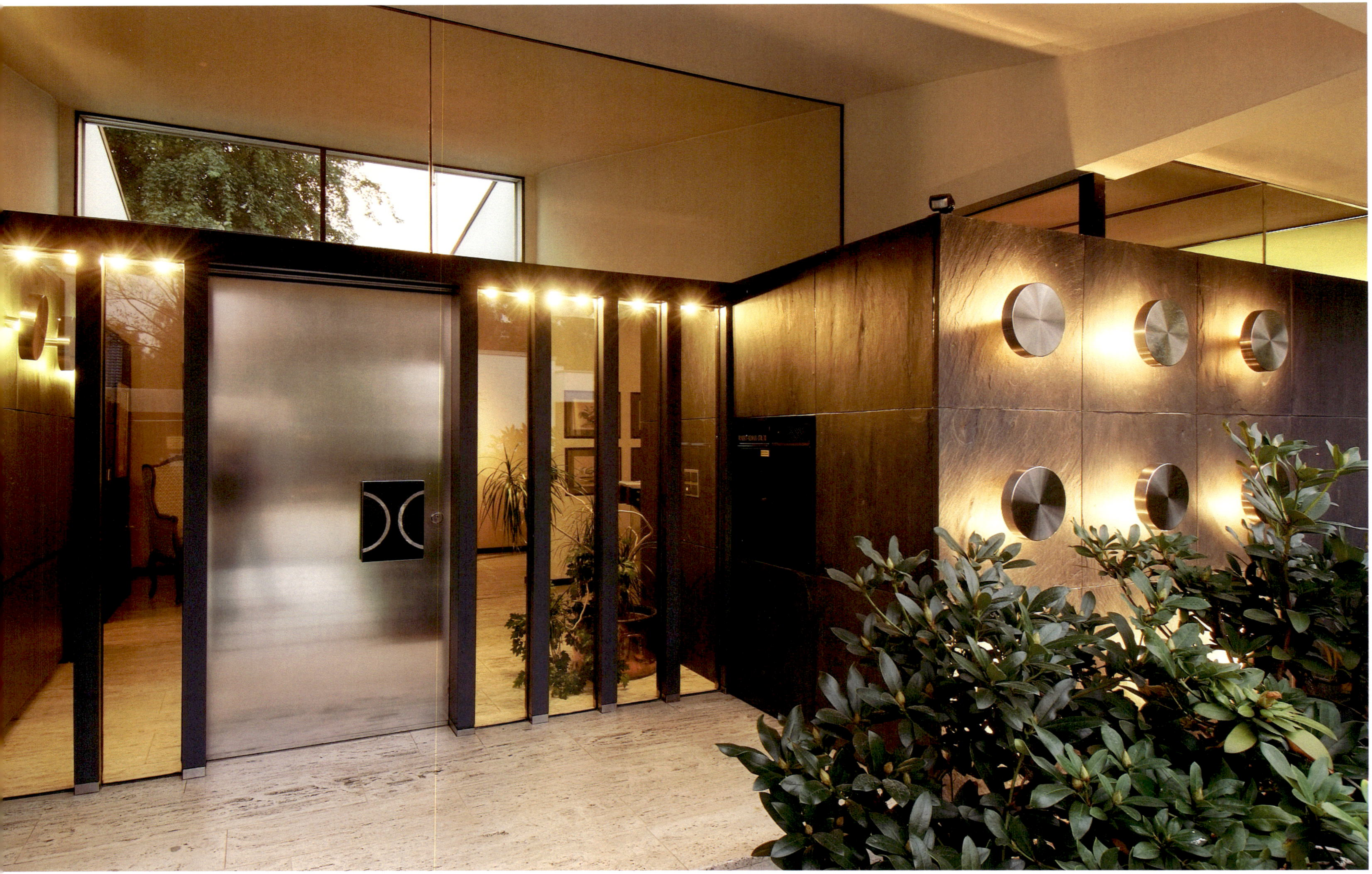

ihren besonderen Reiz aus. Während die unmittelbar an den Außenwänden gelegenen Räume entweder durch die oberhalb der Wände liegenden Fensterbänder oder aber durch großflächige Fenster in den Außenwänden belichtet werden, erhalten die tiefer innen liegenden Bereiche ein hohes Seitenlicht, das durch die Verschränkung der Dachflächen entsteht. Im Gegensatz zu anderen Privathäusern Walter Brunes, die von einer einzigen flächigen Dachplatte überspannt werden, ist in diesem Haus das Dach in einzelne Felder entsprechend der dreigeteilten Zonierung des Grundrisses gegliedert. So erhalten der große Wohn- und Essbereich und das Schwimmbad durch Schrägstellung eines Dachteils jeweils ein hohes Seitenlicht von Osten, die Eingangsdiele von Westen.

Dem Haus ist eine besondere Eleganz eigen. Diese wird sowohl durch die klaren Linien der architektonischen Gliederung und den handwerklich perfekten Einsatz der edlen Materialien erzielt als auch durch das raffinierte Spiel mit dem Licht. Die Eingangsseite wird durch einen Kontrast zwischen den großformatigen schwarzen Schiefertafeln, die bis in den Innenbereich hineingezogen werden, und den weiß gestrichenen Betonunterzügen der weit vor die Fassadenebene vorspringenden Dachkonstruktion bestimmt. Die in Form einer gläsernen Fuge zwischen den Wänden und dem Dach ausgebildete Fensterzone trennt die Elemente 'Wand' und 'Dach' deutlich voneinander ab. Mithilfe dieser über den Außenwänden durchlaufend angeordneten Glasstreifenfenster wird der Eindruck einer über den Wänden schwebenden horizontalen Dachplatte erzielt, was dem Haus eine ungeheure Leichtigkeit verleiht. Die Eingangsfront besitzt einen symmetrischen Aufbau mit leichten Asymmetrien im Bereich der Fensteraufteilung und mit Sitz der Tür innerhalb des Eingangsportals. Im Gegensatz zur Gartenfassade gibt sich diese Seite stärker verschlossen, besitzt aber dennoch einen einladenden Charakter, was nicht zuletzt an der Art der Inszenierung des Eingangs liegt. Dieser befindet sich in einer breiten gläsernen Fuge zwischen den mit schwarzen Schieferplatten verkleideten Außenwänden. Monolithisch wirkende breite Marmorplatten, deren Fugen mit Marmorkies ausgefüllt sind, führen zum Eingangsportal, das vom matt glänzenden Edelstahl der Eingangstür dominiert wird. Die Gartenfassade ist von einer stärkeren Auflösung der Wände durch raumhohe Fensterfronten bestimmt. Die baukörperliche Ausrichtung wird horizontal betont. Wie bei der Eingangsfassade wird sie durch einen Betonunterzug als Dachtraufe geprägt, der ebenfalls deutlich sichtbar oberhalb der Wände zu schweben scheint.

Die elegante Erscheinung dieses Hauses basiert nicht zuletzt auf äußerst feinsinnigen Proportionen, nach denen die Fassaden aufgebaut sind. Als jüngstes der hier vorgestellten Privathäuser ist es nicht nur aufgrund seiner Lage, sondern vor allem auch wegen seiner Gestaltung das wohl städtischste Wohnhaus Walter Brunes.

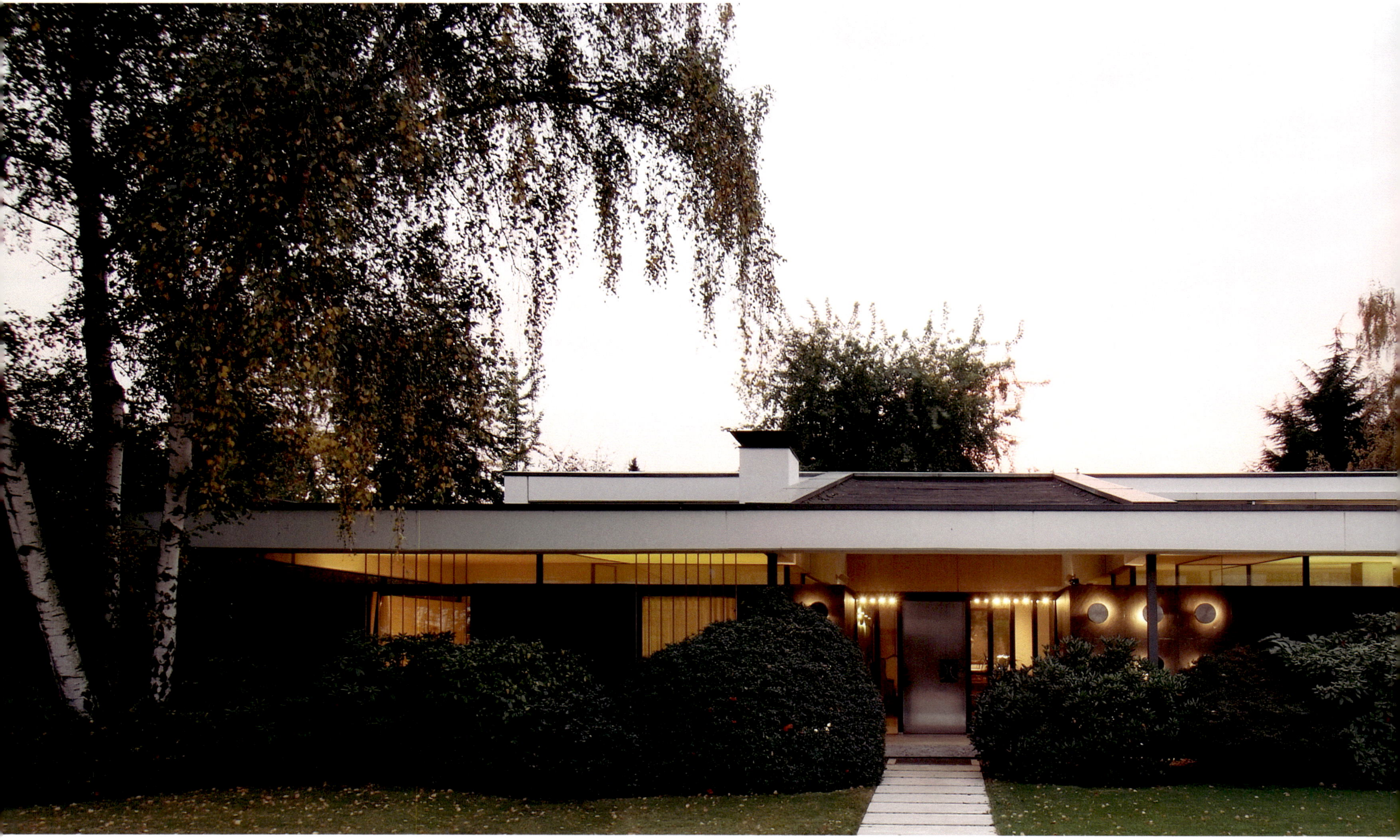

117

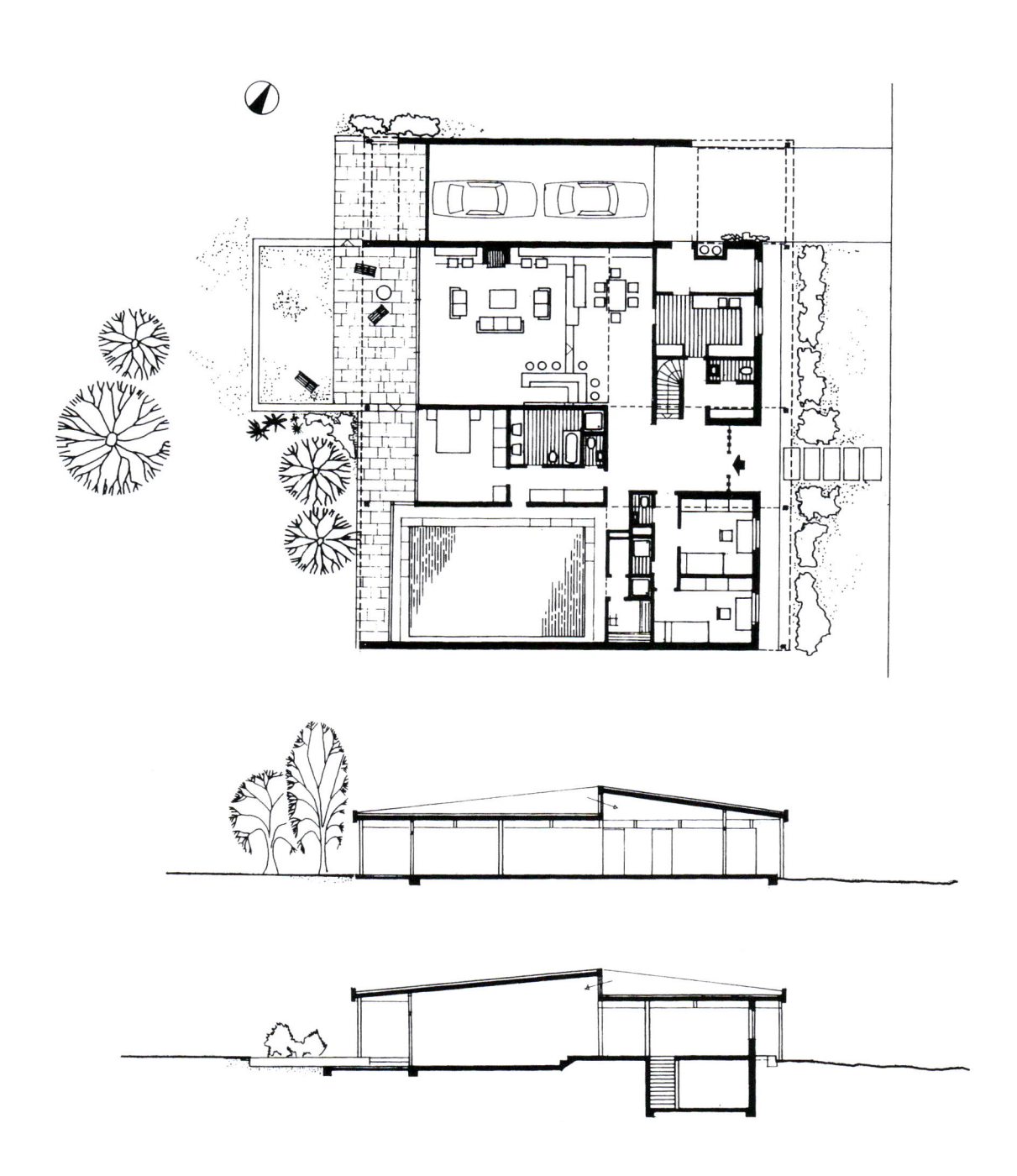

Maßstab 1:300

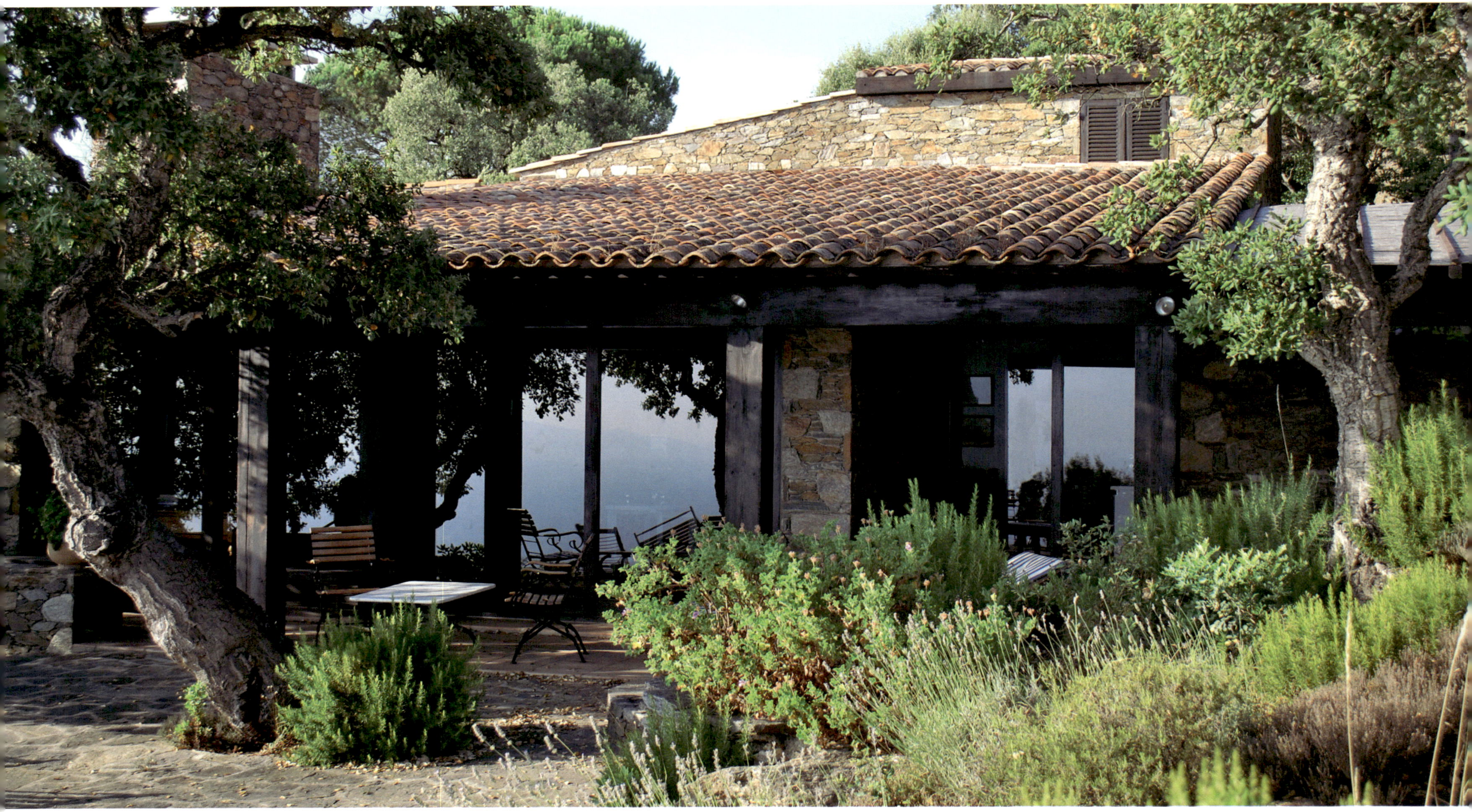

Mas Pierre & Paul

Rayol-Canadel-sur-Mer, Côte de Provence, Frankreich 1971–73

Um ein Ferienhaus für eine sechsköpfige Familie in der Provence zu bauen, wich Walter Brune bei diesem Haus von der Bungalowbauweise ab und experimentierte hier mit traditionellen, regionalen Bauweisen. Das Haus spiegelt das Land wider, in dem es wurzelt. Das Grundstück befindet sich an einer zerklüfteten Felsküste der südöstlichen Provence in einer mit Pinien und Macchia bewachsenen Karstlandschaft an einem stark abfallenden Hanggrundstück, das von vielen Korkeichen umgeben ist. Von hier aus bietet sich ein herrlicher Blick auf das Mittelmeer und die Iles d'Hyères.

Das Grundkonzept des architektonischen Entwurfs belässt die wilde Unberührtheit der Landschaft bis zu den Außenwänden des Wohnhauses. Aus der Not der strengen Bauauflagen wurde eine Tugend gemacht, indem das Haus charakteristische Materialien und Bauweisen provenzalischer Häuser aufnimmt und sich äußerst geschickt durch einen in der Höhe gestaffelten Grundriss der Hangschrägen des stark felsig-hügeligen Terrains anpasst. Der Tradition des Landes folgend dominieren das äußere Erscheinungsbild ein mächtiges Natursteinmauerwerk, dunkel gebeizte Hölzer und die charakteristische Mönch-und-Nonne-Eindeckung mit tönernen Ziegeln.

Die Überdachung des aus zwei Gebäudebereichen bestehenden Hauses erfolgt mittels eines parallel zur Hangneigung ansteigenden Pultdaches. Es unterstreicht die gestalterische Absicht, sich der Hangsituation auf unprätentiöse Art und Weise anzupassen. Um dem Wind keine Angriffsfläche zu bieten, ist es ohne Dachüberstände ausgebildet, was die kubische Form der Architektur unterstreicht. Nur an der Südseite dient ein weiterer Überstand als Sonnenschutz. In der Höhe ist das Dach

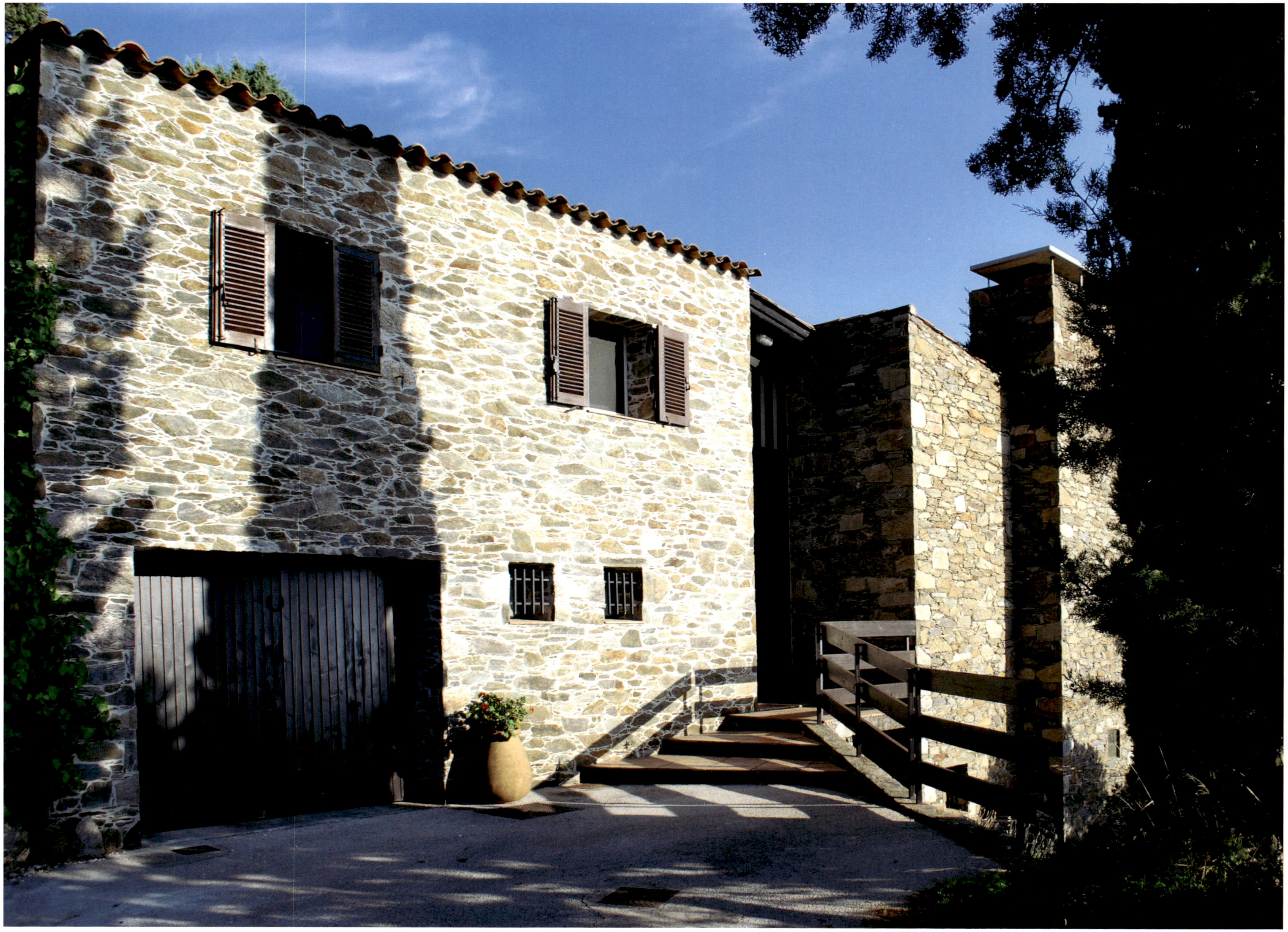

Maßstab 1:300

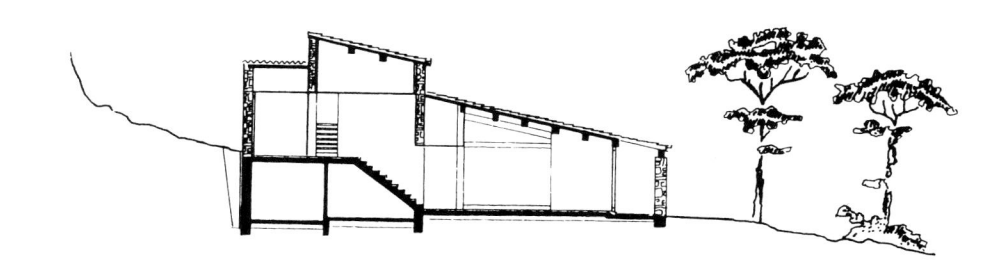

gestaffelt, um den höher gelegenen Räumen Ausblicks- und Belichtungsmöglichkeiten zu bieten. Ein zu der Hauptrichtung des Daches quer verlaufendes Pultdach oberhalb des zweigeschossigen Baukörpers gibt dem lang gezogenen Dach optischen Halt. Eine Gebäudefuge markiert den Übergang zwischen den beiden Baukörpern. Hier befindet sich der Hauszugang.

Der Wohn- und Essbereich sowie die Küche sind offen gestaltet. Unterschiedlich hohe Bodenniveaus definieren unterschiedliche funktionale Bereiche, die sehr geschickt durch die Möbel ergänzt werden. Über allem spannt sich die Schräge der sichtbar belassenen Holzbalkendecke. Nach Südwesten bietet eine davor angelegte Loggia einerseits Schatten für den Wohnraum, andererseits öffnet sich hier auf voller Hausbreite der famose Blick auf das Meer. Eine schmale Treppe führt zu den nördlich gelegenen Schlafräumen, die in dem höher gelegenen Baukörper befindlich sind. Die auf unterschiedlichen Niveaus gestaffelten Räume nutzen sehr geschickt die Hangsituation aus. Dadurch bietet sich noch Raum für eine leicht abgesenkte Garage und einen Wein- und Vorratskeller.

Die in diesem Ferienhaus umgesetzte Synthese einer funktionalistischen Moderne mit regionalen Bauweisen erinnert entfernt an Charles Moores *Sea Ranch*. Auch dessen berühmt gewordenes Idiom resultierte in starkem Maße aus den strengen Bauauflagen. Bei beiden Bauten unterstreichen Baukörperform und Materialien die spezifische Charakteristik des Ortes und seiner baulichen Tradition.

Insofern stellt auch Mas Pierre & Paul ein Beispiel dafür dar, wie sich die Architektur der Moderne in Richtung eines modernen Regionalismus weiterentwickelte, ohne dabei die Prinzipien moderner Architektur aufzugeben.

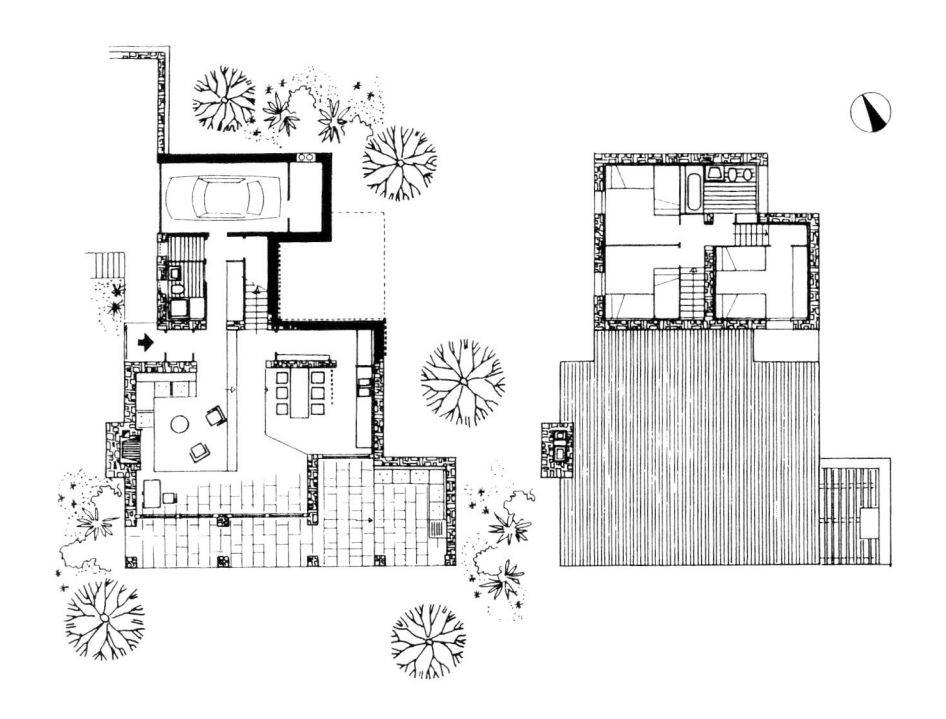

Der Architekt in Umarmung einer Skulptur, die ihm von der Stadt Eindhoven (Niederlande) in Anerkennung seiner Verdienste für die Neugestaltung und Revitalisierung des Stadtzentrums durch den Bau der Heuvel Galerie verliehen wurde.

Kurzbiografie

Walter Brune

Walter Brune machte sich nach zweijähriger Praxis bei Professor Munzer als junger Diplom-Ingenieur 1950 im Alter von 24 Jahren selbstständig.

Er war zunächst für die Schwerindustrie tätig und baute Anfang der 1950er Jahre bereits als sehr junger Architekt die Kohlenzeche Prosper-Haniel sowie mehrere Kohlekraftwerke, Fördertürme etc. Ende der 1950er Jahre wurde die Firma Karstadt auf ihn aufmerksam. Für Karstadt errichtete er 20 Jahre lang — neben anderen Großprojekten — Kaufhäuser. Der krönende Höhepunkt war die Planung und Erstellung der Karstadt-Hauptverwaltung in Essen.

Zwei Jahrzehnte lang, zwischen 1950 und 1970, entwickelte er neben den Großprojekten für zahlreiche Persönlichkeiten aus Wirtschaft und Industrie (Horten, Wolf, Bauknecht etc.) Privathäuser im Bungalow-Stil, die aufgrund ihrer Einzigartigkeit in den Architekturzeitschriften weltweit vorgestellt wurden. Erstmalig stellt dieses Buch einige von ihnen in Form einer Übersicht vor.

Walter Brune unterhielt in Düsseldorf eines der meistbeschäftigten Architekturunternehmen in der damaligen Bundesrepublik Deutschland mit Satellitenbüros in New York, Teheran, Kabul sowie in den Niederlanden. Die Weltbank beauftragte ihn in Partnerschaft mit dem bekannten amerikanischen Architekten Marcel Breuer mit der Planung umfangreicher Entwicklungsprojekte. Für den Schah von Persien erstellte er die Planung einer neuen Stadt am Kaspischen Meer.

Verdientes Geld — bei einem Start in die Selbstständigkeit ohne Kapital — legte er immer wieder in Grundstücke an, deren Bebauung er bereits in den 1960er Jahren parallel zu den Arbeiten in seinem Architekturbüro durchführte. Sein Antrieb zu dieser Paralleltätigkeit war immer seine Sorge, wegen zeitweiligen Auftragsmangels oder Projektverzögerungen seine zahlreichen guten, oft befreundeten Mitarbeiter nicht mehr bezahlen zu können und sie damit zu verlieren. Wobei er immer wieder bekennt, dass seine unternehmerische Tätigkeit nie sein Lebensziel war, sondern diese als logische Konsequenz seines Denkens zu einer ergänzenden Aktivität wurde, ohne dass er es vermeiden konnte. So entstand bis zum heutigen Tage ein umfangreiches Immobilienunternehmen.

Seit Anfang der 1980er Jahre machte er sich einen Namen als Architekt, Entwickler, Consulter und teilweise auch Betreiber von innerstädtisch integrierten Einkaufszentren (Kö Galerie, Heuvel Galerie, Schadow Arkaden etc.). Aktuell betätigt er sich als Planer, Bauherr und Stadtstreiter für die Erhaltung der urbanen Innenstadtzonen unserer kulturträchtigen Städte.

Auszeichnungen

1960: Preis des Bundes Deutscher Architekten für den Bau eines Feingusswerkes
1987: ICSC European Shopping Center Award *Shopping-Center of the Year 1986* für die 1986 fertiggestellte Kö Galerie
1989: Bundesverdienstkreuz am Bande für seinen Ideenreichtum, sein berufliches Engagement und seine Bereitschaft zur unternehmerischen Verantwortung
1991: Bouwforum Leonardo da Vinci für die Heuvel Galerie in Eindhoven/Niederlande
1994: ICSC European Shopping Center Award für die Neugestaltung des Rhein-Ruhr-Zentrums
1995: ICSC European Shopping Center Award für die Schadow Arkaden in Düsseldorf als bestes europäisches großes innerstädtisches Shopping-Center
2005: urbanicom Preis für sein Lebenswerk als Architekt, Planer, Bauherr, Kulturbotschafter und medialer Streiter für die Stadt

Autor und Herausgeber des Buches *Die Stadtgalerie. Ein Beitrag zur Wiederbelebung der Innenstädte.* Frankfurt a.M./New York (Campus) 1996.

Herausgeber und Mitautor des Buches *Angriff auf die City. Kritische Texte zur Konzeption, Planung und Wirkung von integrierten und nicht integrierten Shopping-Centern in zentralen Lagen.* Düsseldorf (Droste) 2006.

Literatur

Barbarahof

Landhaus Barbarahof in Düsseldorf. In: *Das Beispiel. Informationsschriftenreihe des Bundes Deutscher Architekten (BDA) für Bauherren.* November 1961.

Landhaus im Aaper-Wald, Düsseldorf. In: *Glücklich Wohnen. Der sichere Weg.* Hauszeitschrift der Badenia-Bausparkasse Karlsruhe, Heft 5/1960, S. 4–5.

Country House, Barbarahof, Aaperwald, near Dusseldorf, Germany. In: *Architect and Builder.* August 1958, S. 40–45.

Villa Barbarahof, Architekt Walter Brune, Düsseldorf. In: *Moebel+decoration. Internationale Zeitschrift für Industrie und Handel aller Einrichtungsbranchen*, April 1958, S. 168–171.

Landhuis in het Aaper-Wald bij Düsseldorf. In: *Bouw. Centraal weekblad voor het Bouwwezen in Nederland en Belgie.* 12. Jg., Nr. 38, 21. September 1957, S. 944–948.

Neue Wohnelemente am Beispiel eines Landhauses im Aaper-Wald bei Düsseldorf. In: *Die Kunst und das schöne Heim.* Monatsschrift für Malerei, Plastik, Graphik, Architektur und Wohnkultur, 55. Jg., Heft 4, Januar 1957, S. 140–145.

Zeitgemäßes Wohnen. Bausparkasse der Rheinprovinz. Mitteilungen an unsere Bausparer. Heft 9, März/April 1956, S. 6–7.

Barbarahof in Düsseldorf. In: *Das Haus.* Zeitschrift für Bauen, Wohnen, Lebensstil, Ausgabe M, Juli 1959, S. 2–7.

Landhaus unter uralten Bäumen. In: *Film und Frau.* Heft 9, 1964, S. 94–97.

Haus Horten

Landhaus am Rhein bei Düsseldorf. In: *Die Kunst und das schöne Heim.* 55. Jg., Heft 7, 1957, S. 264–269.

Zur Gestaltung eines Landhauses am Rhein. In: *Die Innenarchitektur.* Zeitschrift für Ausbau, Einrichtung, Form und Farbe, Heft 5, 5. Jg., November 1957, S. 309–314.

Haus Hoseit

Landhaus am Bodensee. In: *Deutsche Bauzeitschrift (DBZ).* Nr. 3/1960, S. 282–284.

Landhaus am Bodensee. In: *Das ideale Heim.* Schweizerische Monatsschrift für Haus, Wohnung, Garten, Heft 3, März 1962, S. 121–127.

Landhaus am Bodensee bei Konstanz. In: *Die Kunst und das schöne Heim.* 57. Jg., Heft 9, Juni 1959, S. 340–345.

Landhaus am Bodensee. In: *Glücklich Wohnen. Der sichere Weg.* Hauszeitschrift der Badenia-Bausparkasse Karlsruhe, Heft 5/1960, S. 18–19.

Landhaus am Bodensee bei Konstanz. In: *Die Kunst und das schöne Heim.* 57. Jg., Heft 9, Juni 1959, S. 340–345.

Haus Kauermann

Ein Haus schwebt über der Landschaft. In: *Die Kunst und das schöne Heim.* München Mai 1961, S. 304–315.

Haus im Weinberg

Landhaus in Weissenburg im Elsass. In: Trost, Klara: *Häuser am Hang.* Bauwelt-

Sonderheft 67, Berlin/Frankfurt a. M./Wien o.J., S. 1.

Einfamilienhaus in Wissembourg (Elsass). In: *Deutsche Bauzeitschrift (DBZ)*, Nr. 3/1964, S. 303-308.

Ein Landhaus in Stahlbauweise – über lieblichem Tal. In: *60 Jahre Die Kunst und das schöne Heim*, Oktober 1961, S. 20-29.

Landhaus in Wissembourg (Elsass). In: *Architektur und Wohnform. Innendekoration*, 69. Jg., Nr. 6, September 1961, S. 220-227.

Landhaus in Wissembourg/Frankreich. In: *Das Beispiel*. Informationsschriftenreihe des Bundes Deutscher Architekten BDA für Bauherren, November 1961.

A many-terraced Villa in France. In: *Architectural Record*. September 1961, S. 127-130.

Stahl, Glas, Naturstein, Beton, Mörtel, Holz. Ein Einfamilienhaus in Wissembourg. In: *Bauen + Wohnen*. Januar 1961, S. 22-25.

Wohnhaus in Wissembourg (Elsass). In: Nagel S./Linke S. (Bearb.): *Einfamilienhäuser, Bungalows, Ferienhäuser. Offene Wohnformen*. Gütersloh 1968 (DBZ-Fachbuch), S. 125-127.

Landhaus im Weinberg. In: *Film und Frau*. 1962, S. 76-80 sowie in: *Acier, Stahl, Steel*. 30. Jg., Nr. 9, September 1965, S. 377-378.

Haus Schwietzke

Klar und weiträumig. In: *Das Haus*. Januar 1968, S. 6-9.

Haus im Aaper Wald bei Düsseldorf. In: Trost, Klara: *Bungalows*. Bauwelt-Sonderheft 65, München 1965, S. 1.

Bungalow im Grafenberger Wald bei Düsseldorf. In: *Architektur und Wohnform. Innendekoration*, 69. Jg., Januar 1961, S. 24-27.

Einfamilienhaus im Aaper Wald bei Düsseldorf. In: *Deutsche Bauzeitschrift (DBZ)*. Nr. 7/1959, S. 682-684.

Bungalow von großzügigem Grundriß. In: *Architektur und Wohnen*. Heft 4, 1966, S. 10-13.

Jagdhaus Carp

Jagdhaus in der Eifel. In: *DBZ* 11/1968, S. 1901-1902.

Cheminées du monde entier. In: *Mon jardin et ma maison*. Nr. 103, Dezember 1966.

Offene Kamine in Räumen. In: *Detail*. 3/1966, S. 487-488.

Six Houses From Abroad. In: *Architectural Record*. Bd. 139, Januar 1966, S. 151.

Jagd- und Forsthaus in der Eifel. In: *Communication*. Das internationale Maklermagazin. 1/66, S. 2-5.

Jagd- und Forsthaus in der Eifel. In: *md (moebel interior design)*. 8/65, S. 392-394.

Wild und Wald rings ums Haus. In: *Film und Frau*. Heft 6, 1964, S. 129-133.

Haus Teigler

Neues Haus – alte Möbel. Bungalow bei Moers am Niederrhein. In: *Die Kunst und das schöne Heim*. 61. Jg., Heft 10, Juli 1963, S. 518-523.

Haus Heimsoeth

Wohnhaus in Opladen. In: *DBZ*. 6/69, S. 76-79 (1089-1092).

Modernes Landhaus im hundertjährigen Park. In: *Communication*. Das internationale Maklermagazin. 1/66, S. 37-39.

Landhaus bei Opladen. In: *md (moebel interior design)*. 8/65, S. 390-391.

In einen alten Park gebaut. In: *Architektur und kultiviertes Wohnen*. Heft 2/1964, S. 46-47 und 52.

Haus Dr. Berg

Einfamilienhaus bei Düsseldorf – Holzbauweise. In: *Detail*. 4/1969, S. 759-761.

Viel Platz zum Wohnen und Spielen. In: *Schöner Wohnen*. Heft 12, Dezember 1968, S. 182-186.

Haus Starke

Wohnen auf Stützen. In: *Beton-Prisma*. 14/1970, S. 16-19.

Ein fünffach gesattelter Bungalow. In: *Die Kunst und das schöne Heim*. 81. Jg., Heft 11, 1969, S. 527-531.

Abbildungsnachweis

Ulfert Beckert, Offenbach 11, 12, 60 o., 88, 90 beide, 91, 92 beide, 93, 100, 101, 102, 104 beide, 105 beide, 106

Achim Bednorz, Köln 72 re., 74 re.

Christopher Brune, Düsseldorf 118–121

Ernst Deyhle, Stuttgart 8 beide, 10, 13, 14 (Titelblatt: Die Kunst und das schöne Heim), 15, 42, 43, 44 beide, 45, 46, 48, 49, 50 beide, 51, 52, 53 alle, 54, 62, 64, 65, 66/67, 68, 70, 71, 72 li, 73, 74 li, 76, 77, 78, 79, 80, 82, 83, 84 alle, 85, 86

Carlfred Halbach, Ratingen 21 o.

Manfred Harnisch, Mettmann 17 beide, 18, 20, 21 u, 22, 23

Hoppe & Mayer, Düsseldorf 24

Kabus, Konstanz 36, 37, 38 beide, 39, 40

Oberarzbacher, Feilnbach 26, 27, 28 beide, 29, 30 alle, 31

Mark Wohlrab, Kamen 16, 56, 57, 58, 59, 60 u., 63, 89, 94 beide, 96, 97 beide, 98, 108, 109, 110 beide, 112, 113, 114, 115, 116